士業・コンサルタントが知っておきたい

事業承継・M&Aの実務と考え方

公認会計士・税理士・不動産鑑定士 **西本隆文**

日本能率協会マネジメントセンター

　全国の中小企業の後継者不在率が高い水準で推移しています。近年では、従来からの親族内の事業承継に加え、M&Aによる第三者承継が活発になってきています。

　また、事業承継・M&Aのニーズの高まりにより、企業の成長戦略としてのM&Aの重要性がますます高まっており、中小企業を顧客とする士業等の専門家もそのニーズに応えていかなければなりません。

　また、M&Aのマッチングプラットフォームの発達により、M&Aの相手先探索コストも低下しつつあり、士業事務所でもM&Aの相手先を探しやすくなっています。

　本書は、事業承継やM&Aを検討している経営者、そして彼ら彼女らを支援したいと考えている関係者向けの実務書です。事業承継のプロセス、M&Aの基本、そしてそれらが日本の生産性向上にどのように関わっているかを明らかにします。また、事業承継が単なる引退勧告ではなく、積極的な成長戦略として捉えられるべきであることを示唆しています。

　これから士業やコンサルタントもM&Aに関わる機会が増えていくのですが、顧問先が譲渡側（売りFA）になったり、買収側（買いFA）になったり、顧客同士のM&A（仲介）だったり、士業事務所同士のM&A（M&Aのセルサイド又はバイサイド）だったり、デューデリジェンスやバリュエーションとしての関与だったり、さまざまな立ち位置でのかかわりが想定され、役割も流動的です。ま

た、これは事業承継やM&Aの分野において士業やコンサルタントの活躍の機会が大幅に増加していくことも意味しています。各立ち位置での役割を正確に理解しておくことは、士業やコンサルタント等の支援者にとっても非常に重要です。

　本書はまず、事業承継の必要性とその現状について詳述し、後継者不在や日本の労働生産性の問題を検討します。次に、事業承継とM&Aの関連性と相違点を掘り下げ、事業承継をM&Aのように進める方法を提案しています。親族内承継と親族外承継の両方に焦点を当て、それぞれのメリット、落とし穴、成功パターン、失敗パターンを分析します。

　また、事業承継やM&Aが当事者の戦略的意思決定により行われる必要があるとの観点から、承継意思決定のフレームワーク、合意形成の留意事項など、より高度なトピックに進みます。

　さらに、実務面では、セルサイド（先代または現経営者）やバイサイド（買主や後継者）の準備、FA（Financial Adviser）またはM&A仲介、デューデリジェンス、バリュエーションの実務について詳細なガイドラインを提供し、読者がこれらの複雑なプロセスを理解し実行できるようにします。

　最終章では、PMI（Post Merger Integration）、つまりM&A後の統合プロセスについて詳細に解説し、成功する事業承継・M&Aのために必要なステップと考慮すべき要素を提示します。

　全体を通して、本書は実践的なアドバイスと戦略的洞察を提供し、読者が事業承継やM&Aを成功に導くための実用的な知識とツール

を獲得できるように設計されています。

　我が国は課題先進国と称されるように、諸外国に先んじて人口減少、少子高齢化とそれに伴う生産年齢人口の減少、都市部への人口集中が進んでおり、加えてインフラの老朽化や気候変動による自然災害の増加、大型地震の発生等、近年様々な課題が顕在化してきています。そのような中で、人口減少下での事業承継は、日本の中でもその最先端に位置する喫緊の課題です。

　事業承継は、企業の歴史の中で非常に重要な節目であり、単にリーダーシップの交代ではなく、企業が新たな段階へ移行するための成長戦略として位置づけられるべきです。
　本書を通じてより多くの中小企業が成長戦略としての事業承継を実践し、日本社会が世界に先駆けて人口減少下の事業承継という課題を克服する課題解決先進国となっていくことを願っています。

公認会計士・税理士・不動産鑑定士　西本隆文

CONTENTS

第4章 **合意形成の留意事項**

第7章 FAまたは仲介の役割

第8章 デューデリジェンス

第9章 バリュエーション

第**1**章

事業承継の
必要性

▶事業承継が意味すること

株式会社制度は、事業の永続性を担保する仕組みです。株式は譲渡されることを前提としており、株式会社制度がすでに事業承継を担保する仕組みとなっています。

しかし、株式会社制度という法人格に永続性はあっても、その構成要素たる個人株主や経営者には寿命があります。したがって、事業が永続するためには、経営者が交代していくこと、株式の所有者が交代していくことが必要となってきます。

いわば、事業承継とは、事業の所有権を誰に移転するか、事業の経営権を誰に持たせるかという意思決定に他なりません。また、経営権や事業の所有権を承継する側においても、その意思決定が合理的かを判断していく必要があります。

事業承継は、所有権の移転だけでなく、経営の承継も含む非常に複雑なプロセスです。それは、誰が事業を所有し、誰がそれを経営するかという重要な意思決定を必要とします。それらの決定は、事業の将来の成功や存続に深く関与します。これらの決定をよりよく行うためには、事業承継の計画と準備が必要となります。

▶後継者不在率60％という数字は本当か？

2022年の日本全国の後継者不在率が初めて60％を下回ったという調査結果が帝国データバンクにより報告されていますが、依然として50％台の高い数値となっています。この結果は、事業の後

継者問題が深刻化している日本の中小企業における現状を反映しています。具体的には、経営者の高齢化や後継者不足などが背景にあり、企業が事業承継の対策を講じる必要性が高まっています。

しかし、後継者不在率の具体的な数値は、調査の方法や対象、期間により異なる可能性があります。たとえば、100年後の後継者が決まっている企業はないはずです。何故なら、後継者がまだ生まれていないからです。

ここで言及している「後継者不在率」は、一般的には現在の経営者が引退予定の時期に、経営を引き継ぐ人物が明確にいない企業の割合を指します。つまり、この数字は企業の経営承継問題を短期的、中期的視点で捉えたものです。

しかしながら、どのような事業であっても、将来的に後継者不在に陥る可能性があります。したがって、**後継者が決まっている企業であっても、将来的なM&Aの選択肢を排除せずに運営していく必要があります。**

▶「引退する年齢でないから関係ない」は本当か?

後継者不在率というとき、いつの時点で後継者不在企業となるのでしょうか。たとえば100年後の経営者が決まっていない企業ということになると、100年後のことは誰にも分からないので、後継者不在率は100%ということになってしまいます。

結局のところ、現経営者が引退する際に、価値ある事業が継続出来る体制になっていれば何ら問題がないわけです。

では、いつから事業承継を考えていけばいいのでしょうか。これは、事業が社会的存在意義を持ち始めたタイミングから、事業を運営する体制構築の一環として、通常の経営者の役割として行われる

べきでしょう。

▶100年後も自分が現役だと思っている？

　中小企業の社長さんとお話ししていると、多くの経営者は自分が100年後も現役であることを前提にしているように思うことがあります。

　しかしながら、その認識はあながち誤りではないように思います。経営者は「100年後も事業が現役である。」ことを無意識に目指しています。**100年後も事業が現役であるためには、永続性を担保する仕組みが必要となり、それが事業承継の本質である**と言えるでしょう。

　経営者が自社の未来について100年先を見据える視点を持つことは非常に重要です。その意味で、彼らは自社のビジョンや使命を見つめ直し、持続可能な経営や事業の成長に向けた戦略を立てる必要があり、これには適切な事業承継計画を含みます。

▶最適年齢の最適人材に経営権を集中させることが 事業承継・M&Aの目的

　社長や経営者の「イノベーション年齢」というのは、特定の年齢に結びつくものではなく、その人のキャリアや経験、そして遭遇する環境やチャレンジに依存します。

　しかしながら、30代半ばから40代にかけての年齢層には、イノベーションを生み出すための特定の条件や特徴が存在すると言われています。

①経験と若さのバランス

　30代半ばから40代は、多くの業界や職種で経験と知識が蓄積される一方で、まだ物事を新しい視点で捉え、変革を追求するエネルギーと柔軟性を持っている時期です。

②リスクの取りやすさ

　若すぎると計算されたリスクを取るのが難しいこともありますが、ある程度の経験を積んだ30代半ばから40代では、より計算されたリスクを取る能力が高まります。

③ネットワークの形成

　この年齢層になると、多くの業界の関係者やパートナーとのネットワークが形成され、これが新しいアイデアや取り組みを加速させる要因となることが多いです。

④組織のリーダーシップ

　若手の頃に比べ、組織内での影響力やリーダーシップが強まる年齢層であり、自らのビジョンやアイデアを組織全体に広げやすくなります。

⑤財務的な安定

　個人のキャリアが進むにつれ、経済的な安定も手に入れやすくなるため、大胆なイノベーションに挑戦しやすくなります。

　以上のような要因から、**30代半ばから40代にかけては、経営者や社長がイノベーションを推進しやすい「ゴールデンタイム」だ**

<u>と言えるでしょう。</u>

この経営者としてのゴールデンタイムの最適年齢の最適人材に経営権を集中させることで競争力を確保していくことが事業承継・M＆Aの社会的意義であり目的であると言えます。

▶ 中小企業の社会的責任としてのM&A

<u>すべての中小企業がM＆Aを選択肢の一つとして運営すべきです。</u>

企業の経営者や株主が人間である以上、必ず寿命が訪れます。企業が永続性を確保していくためには、必ず経営者の交代が生じます。中小企業は特に、人材の豊富な上場企業と比較してもその影響は甚大です。現在の経営者に後継者がいても、さらに次の世代の親族内に後継者がいるとは限りません。後継者がいなければ、どんなに価値ある事業でも廃業の憂き目に遭います。

したがって、中小企業が永続性を確保するうえで、M&Aを選択肢の一つとして運営することは最低限の社会的責任であると言えます。

▶ 親族内承継とM&A（第三者承継）の それぞれの利点を活かす

親族内承継と親族外承継（M&A）は、事業の所有権と経営権を承継するという意味では同じであり、その違いは譲受者が親族か親族外かという点に限られます。

しかしながら、M&Aの手法を親族内承継に取り入れることや、親族内承継のアプローチをM&Aに応用することで、事業承継とM&Aのプロセスが日本の中小企業の生産性向上の切り札となり得ます。事業承継とM&Aの概念が融合することにより、事業の存続

と発展を支える強力なインフラストラクチャーとなる可能性があります。

　したがって、事業承継とM&A（親族外承継）は事業の存続と発展を支える両輪であると言えるでしょう。

第2節　事業承継が進まない原因

▶事業承継・M&Aに関与する専門家の供給不足

　M&Aは企業規模を拡大するだけでなく、新たなビジネスの機会を開くツールでもあります。異なる経営資源やノウハウを持つ企業との統合は、新たな競争力を生み出す可能性があります。そのため、後継者問題に直面したときにM&Aを選択肢として検討することは、企業の永続性と成長を担保する一つの手段となり得ます。

　また、経営者が高齢化して後継者が見つからない場合や、新たな事業チャンスを探している場合など、M&Aは有効な戦略となります。しかし、M&Aには自社の価値を適正に評価すること（バリュエーション）や、適切なリスク評価を行うこと（デューデリジェンス）、相手先の探索や交渉（FAや仲介機能）など、様々な課題が伴います。そのため、経営者や経営陣はM&Aの可能性を考えるときに、適切なアドバイザーの意見を求めることが重要です。

　現在日本においては、経営者の高齢化や後継者不在といった問題が深刻化しており、事業承継やM&Aの需要が増えています。特に中小企業では、これらの問題解決のために専門家の助けが必要となっています。しかしながら、日本においては、事業承継・M&Aに関与する専門家が不足しています。

▶これまでは事業承継が親族内承継に限定されていた

　事業承継が進まない一因として、これまで事業承継が親族内承継に限定されていたこと、そしてM&Aという選択肢が主流ではなかったことが挙げられます。

　この状況は、多くの中小企業にとって適切な後継者を見つけることが困難であることを意味しています。親族内での後継者がいない場合、事業を存続させるための他の選択肢が限られてしまうのです。M&Aは、これらの企業に新たな可能性を提供し、外部からの資本や技術を取り入れることで、事業のイノベーションや成長を促進する手段となり得ます。

▶事業承継にみられる合成の誤謬

　事業承継が進まない原因として、事業承継が親族内承継に限定されていたことでそのプロセスが自然の成り行きに左右され、戦略的に実行されてこなかったことによる「**合成の誤謬**」として捉えることもできます。

　この「合成の誤謬」とは、経済学における概念で、個人レベルでの貯蓄行動が集団全体にとって必ずしも良い結果をもたらすとは限らないことを指します。具体的には、個々の家計や企業が貯蓄を増やすことがそれぞれにとって賢明な選択である場合があります。しかし、すべての家計や企業が同時に貯蓄を増やした場合、総需要が減少し、経済全体の生産や雇用に悪影響を与える可能性があります。この誤謬はジョン・メイナード・ケインズが唱えた「所得のパラドックス」としても知られています。ケインズは、不況時に個人が支出を削減して貯蓄を増やすことが、経済回復の遅延を招くと指摘しました。これは、全体の需要が減少することで企業の売上や利益

が減少し、結果的に雇用が減少するからです。

　社会制度設計においても、合成の誤謬が存在します。通常、社会制度は先に生まれた世代に最適化されるよう議論されますが、これが現世代の利益を犠牲にすることがあります。逆に、未来世代を中心に制度を設計することで、現世代が間接的に恩恵を受けることもあります。

　子育て政策はこの点において顕著です。子育て支援を軽視する市区町村では、高齢化が進み、高齢者の利益を優先する政策が推進されます。この結果、介護施設が増え、子供の数が減少し、学校が廃校になるケースが見られます。これにより、子育て世代が地域を離れ、住民税収が減少し、労働力不足に陥ります。企業の経済活動が縮小される一方で、公共サービスの質も低下します。結果として、介護人員を確保するのが困難になり、老老介護が常態化する状況になります。これは、高齢者が「無人島で札束を大事に握りしめている状況」と例えられることがあります。

　一方で、子育て政策を重視する地域では、子育て世代が流入し、地域経済が活性化します。これにより地価が上昇し、労働力供給が増加し、企業活動が活性化します。住民税収が増加し、公共サービスが充実し、老人福祉も向上します。「孫にお金をかけると、子どもが戻ってきて肩をもんでくれる」という言い方がこれを説明します。

　事業承継における合成の誤謬も同様です。多くの中小企業の経営者は「子は家業を継ぐのが当然」と考え、子どもの進路を勝手に決めつけます。このような行動が繰り返されると、地域全体が同じ背景や価値観を持つ人々で形成されるコミュニティが増え、異なる価値観を持つ人々の流入が阻害されます。これは「蛙の子は蛙」とい

う発想に帰結し、地域社会全体がイノベーションの推進能力を失います。

　さらに、この「蛙の子は蛙」という考え方をファイナンス理論に当てはめて考えてみると、個人が生涯にもたらす付加価値に制約が加わっていることが分かります。例えば、都内の大企業に残って定年まで勤める進路がA案、脱サラして起業しIPOを目指す進路がB案、転職してより自分に合った企業に行くという案がC案、実家に戻って家業を継ぐ進路がD案とした場合、A案からC案の可能性を強制的に排除することになります。この選択肢の多様性の制約は、社会全体の生産性の低下と地域経済の衰退に直結します。

▶世代交代トラップ

　事業承継のプロセスが自然の成り行きで行われると、経営の世代交代が一向に起こらず、多くの潜在的な問題を含んでいる状況に陥ることがあり、本書ではこの状態を「**世代交代トラップ**」と表現します。例えば、後継者が実質的に経営の切り盛りをしているものの前経営者が権限を保有し続けている場合、あるいは後継者が形式的に経営権を引き継いでいるものの実質的には前経営者が引き続き強い影響力を持っている場合に、事業承継のプロセスが生産性を阻害する要因を生じさせてしまっているケースです。この状態は、表面的な世代交代があっても、実質的な経営の革新や変化が伴わないため、企業の長期的な成長や発展が妨げられる可能性があります。

　特に親子関係において無計画に事業承継をおこなった場合、ほとんどのケースでこのような状態に陥る可能性があります。

　重要なことは、親子間の経営権争いのような議論に陥るのではなく、事業承継に内在する生産性を阻害する要因を科学的に解明し、

対応策を講じることです。

第3節　付加価値向上を行動原理の中心に据える

▶「日本の労働生産性は主要先進7か国で最下位」の根本原因

　「日本の労働生産性は主要先進７か国で最下位」という話を聞いたことがある方も多いでしょう。日本の企業の大半は中小企業です。中小企業庁の2021年の調査によると、日本の全企業数の約99.7％が中小企業で、従業員数の約70％が中小企業に勤務しているとされています。また、日本の中小企業は地域経済の柱であり、地域に密着した事業を行い、地域の雇用を支えています。したがって、中小企業の生産性向上が日本全体の生産性を向上させることに直接的に結びつきそうです。

　では、中小企業の労働生産性が低い原因は何なのでしょうか？「長時間労働」や「技術革新の遅れ」「労働力の高年齢化」「社長の高齢化」など、さまざまなことが言われていますが、その原因を単一のものとして特定することに意味はないように思います。そんなことより最も重要な視点は、「**そもそも付加価値生産性の向上が行動原理の中心になっているか？**」ということです。

　企業が成長し続けるためには、自身が提供する製品やサービスが顧客にとってどれだけの価値を提供しているか、つまり「付加価値」が重要となります。付加価値が高いほど、顧客はその製品やサービスを高く評価し、その結果として企業の収益は増加します。これは大企業も中小企業も同じです。

付加価値生産性の向上を行動原理の中心に据えるということは、EV（企業価値）やEBITDA（正常収益力）向上を目標とするということを意味しています。

▶自己の人生を超えて事業が存在し続けることの意味

　事業の持続性を維持するためには、その事業が「価値のある事業」であることが最も重要です。その価値があるかどうかは、顧客にとっての価値提供や、事業がもたらす社会的影響、そして事業の経済的成功という面で判断されます。事業が価値を持ち続けるためには、これらの要素を継続的に考え、改善し、革新することが必要です。

　事業承継はその一環であり、それが親族内であるか、親族外であるか、またはM&Aを通じた承継であるかは些細な論点です。事業が持続的に価値を提供し、社会や市場から必要とされる存在であることが、結果的には後継者を引き付ける力になります。

　したがって、**事業者や経営者が焦点を置くべきは、事業そのものの価値を高め、持続可能性を確保することです。**その上で、それを継続するための最善の手段が何であるかを判断し、それが親族内承継であればそれに従い、親族外承継やM&Aが最適であればそれを選択するという合理的意思決定を行う必要があります。

　事業に永続性があるということは、「**事業が誰かにとって価値がある**」ということを意味しています。価値ある事業は、親族内承継であれ親族外承継であれ、必ず後継者が現れます。反対に引き継ぎ手が現れないということは、事業に引き継ぐだけの価値がないだけなのかもしれません。親族内承継とか親族外承継といった区分にこだわる必要はありません。「事業が誰かにとって価値があること」を純粋に目指し続けることが結果として事業承継の成功につながります。

▶ EVやEBITDA向上を目標とする

　「事業が誰かにとって価値があること」を純粋に目指し続けるためには、具体的な目標を設定することが重要です。

　EVの向上やEBITDAの向上は、その目標を達成するための重要な指標となり得ます。これは言い換えれば、将来的なM&Aの選択肢を排除せずに運営していくということを意味しています。

　EVが向上するということは、事業の付加価値が高いということであり、M&Aを想定した場合に事業が高く売れるということであり、親族内承継の後継者にとって魅力ある事業であるということを意味しています。EVを向上させるためには、EBITDAを高めていくことが求められます。また、マルチプル（EV/EBITDA倍率）を高めるためには、企業の成長性や収益の持続性を確保していくことが重要となってきます（P.189参照）。

　親族内承継の後継者にとって、魅力ある事業を継承することは重要です。付加価値の高い事業は、持続的な収益性や成長性を持ち、将来的な価値創造の潜在能力が高いことを示しています。これにより、親族内承継の後継者が事業を引き継ぐ意欲や成功の可能性が高まります。

　繰り返しになりますが、価値ある事業は、親族内承継であれ親族外承継であれ、必ず後継者が現れます。反対に引き継ぎ手が現れないということは、事業に引き継ぐだけの価値がないだけなのかもしれません。

第 2 章

親族内承継と
親族外承継 (M&A)
の類型分析

　親族内承継も親族外承継も、事業の所有権と経営権を承継していくという意味では同じで、譲受者が親族か親族以外かという分類でしかありません。

親族内承継…事業を身内に承継させること
親族外承継…事業を身内以外の第三者に承継させること

▶親族内承継

　事業の所有権と経営権を身内（子ども、孫など）に承継していくスキームで、数十年前までは最もポピュラーな承継方法でした。

①親族内承継のメリット

・事業投資の初期コストがかからない。
・相続や贈与、暦年での売買など、徐々に所有権を移転するなどして、承継期間を柔軟に設定することができる。
・先代が会長に就くなど、事業継続の観点からの混乱を防止することができる。
・地域密着型の事業の場合には、取引先等から理解が得やすい。

②親族内承継のデメリット

・遺留分などの争族問題が発生する。
・親族外承継と異なり、合理的に進めづらい。
・親族への承継が社会的に適材適所だとは限らない。

・人間の長寿化により経営刷新が大幅に遅れる可能性がある。

▶親族外承継

　事業の所有権と経営権を第三者に売却するスキームで、売却先は、従業員や他社、ファンド等である。

①親族外承継のメリット

・事業を売却することで利益を得られる。
・事業を譲受けることで経営を加速させることができる。（カネで時間を買う戦略）
・社会的に最適な人材への引き継ぎが可能である。

②親族外承継のデメリット

・譲受者の資金力に制約を受ける。
・親族等の当事者の理解を得られにくい。

　一般的な概念をまとめると上記のようになりますが、ここでは、親族内承継とM&A（親族外承継）をさらに細分化して類型分析を行います。

第2節　親族内承継の類型分析

　親族内承継といっても、承継期間や経営参画者の属性などによって様々なケースがあるため、さらに詳細に類型を細分化していきます。親族内承継を類型別に分けると以下のような分類が考えられま

す。

▶世代交代トラップ型

　この型は、経営の世代交代が一向に起こらず、多くの潜在的な問題を含んでいる状況を指します。例えば、後継者が実質的に経営の切り盛りをしているものの前経営者が権限を保有し続けている場合、あるいは後継者が形式的に経営権を引き継いでいるものの実質的には前経営者が引き続き強い影響力を持っている場合などです。

　この型では、表面的な世代交代があっても、実質的な経営の革新や変化が伴わないため、企業の長期的な成長や発展が妨げられる可能性があります。

　世代交代トラップ型の主な特徴は以下の通りです。

①後継者の不在または不適格

　この類型では、経営を引き継ぐべき後継者が不在であるか、または経営に必要なスキルや能力を持っていない場合があります。後継者が適格であっても、親族間の複雑な人間関係や家族の期待により、経営権を引き受ける意欲を持たないことがあります。

②前経営者の影響力の継続

　世代交代トラップ型では、前経営者が経営に依然として強い影響力を持ち続けることが一般的です。後継者が表面的に経営権を持っていても、実質的な意思決定や業務の指揮命令は前経営者が行い、後継者の手腕が活かされない状況が生じます。

③経営の革新や変化の阻害

　世代交代トラップ型では、後継者が経営の責任を引き継がないか、あるいは経営権を持っていても実質的な権限が不足しているため、経営の革新や変化が阻害される傾向があります。これにより、企業の競争力や成長が妨げられる可能性が高まります。

④長期的な成長の妨げ

　世代交代トラップ型では、後継者の不在や不適格さ、前経営者の影響力の継続により、企業の長期的な成長が妨げられる可能性があります。経営の革新や変化がないため、企業は市場の変化や競合他社の動向に適切に対応できず、成長機会を逃すことがあります。

　ほとんどの親族内承継は、この世代交代トラップ型に属していると考えられ、日本の人口構成が逆ピラミッド型であるため、戦略的に事業承継に取り組まない限り、今後さらにこの類型に属する状態が増加していくことが予想されます。この類型に陥らないための対策、またはこの類型に陥った状態を別の類型に移行させていくことが、親族内承継の成功と日本の中小企業の生産性向上の主要な命題となっていくでしょう。

▶いきなり事業承継型

　この型は、引継ぎ期間がないか、非常に短いケースを指し、予期せぬ事態や計画されていない状況（例：創業者や経営者の急病や事故など）によって、後継者が急遽経営を引き継ぐ場合に見られます。この型では、後継者は事前の準備や教育を十分に受けていない可能性が高いため、承継過程で大きな挑戦に直面することがあります。

いきなり事業承継型の主な特徴は以下の通りです。

①急遽経営を引き継ぐ状況

いきなり事業承継型では、突然の事故や疾病、あるいは予期せぬ他の理由によって前経営者が経営から離れるため、後継者が急遽経営を引き継ぐ状況が生じます。これにより、後継者は十分な準備期間を持たずに経営の責任を担うことになります。

②後継者の準備不足

いきなり事業承継型では、後継者が事前に経営の準備や教育を受ける時間が限られているため、経営に必要なスキルや知識を不十分な状態で経営を引き継ぐことになります。これにより、後継者は経営過程で大きな挑戦に直面する可能性が高まります。

③経営の不安定化

いきなり事業承継型では、突然の経営の引き継ぎにより経営の不安定化が生じる可能性があります。後継者が経営の責任を引き継ぐ際に、組織や従業員、顧客などの安定を確保することが難しくなる場合があります。

④挑戦への対応

いきなり事業承継型では、後継者が急遽経営を引き継ぐため、経営過程でさまざまな挑戦に直面することが予想されます。後継者は迅速に状況に対応し、経営の安定化と成長を促進するための対策を講じる必要があります。

　いきなり事業承継型は、急遽経営を引き継ぐ状況において後継者が準備不足であり、経営過程で大きな挑戦に直面する可能性が高い承継の形態です。後継者は迅速な対応と適切な戦略を用いて経営の安定化と成長を促進する必要があります。

　また、いきなり事業承継型はM＆Aに最も近い概念ですが、後継者が経営者として適格な人材の場合には世代交代トラップ型のような障壁が少なく、また後継者に権限と責任が集中せざるを得ない状況であるため、一時的な経営の混乱の後はむしろ成長が加速するケースが多くみられます。

▶シナジー型

　この型は、前経営者と後継者が密接に協力し合い、それぞれの強みを生かして事業を発展させる場合に見られます。シナジー型では、経験豊富な前経営者の知見と、新しいアイデアや技術に精通した後継者の革新性が融合され、事業に新たな価値をもたらします。この型の成功例では、スムーズな経営承継が企業の成長や競争力の向上に直接貢献することが期待できます。

　シナジー型の親族内承継の主な特徴は以下の通りです。

①前経営者と後継者の協力

　シナジー型の親族内承継では、前経営者と後継者が密接に協力し合います。前経営者は自らの経験や知識を後継者に伝え、後継者は新しいアイデアや技術を持ち込みます。この協力関係により、事業の継続性と発展が促進されます。

②強みの融合

　シナジー型の親族内承継では、前経営者と後継者それぞれの強みが融合されます。前経営者は豊富な経験と実績を持ち、事業の安定性や伝統を担います。一方、後継者は新しい視点や革新的なアイデアを持ち、事業の成長や競争力強化に貢献します。

③新たな価値の創造

　シナジー型の親族内承継では、前経営者と後継者の協力と強みの融合により、事業に新たな価値が創造されます。古い手法と新しい技術が組み合わされ、顧客ニーズにより適した製品やサービスが提供されることで、事業の成長と競争力の向上が実現されます。

④スムーズな経営承継

　シナジー型の親族内承継では、前経営者と後継者の協力により、経営の承継がスムーズに行われます。前経営者が後継者に経営のノウハウやネットワークを伝えることで、後継者がより自信を持って経営を引き継ぐことができます。

　シナジー型の親族内承継は、前経営者と後継者の協力と強みの融合により、事業に新たな価値が創造されるタイプの承継です。このような協力関係により、事業の継続性と成長が促進され、経営の承継がスムーズに行われます。

▶計画的承継型

　この型は、後継者が経営を引き継ぐ前に長期にわたる準備期間を設け、経営者としてのスキルや知識を段階的に身につけていく承継

の形態を指します。後継者は事業について深く理解し、経営の各側面に関する教育を受けた後に、計画的に経営の責任を引き継ぎます。このアプローチはリスクを最小限に抑え、スムーズな移行を促進することを目的としています。

　計画的承継型の親族内承継の主な特徴は以下の通りです。

①長期的な準備期間

　計画的承継型では、後継者が経営を引き継ぐ前に長期にわたる準備期間を設けます。この期間には、後継者が事業について深く理解し、必要なスキルや知識を身につけるための教育や訓練が含まれます。これにより、後継者は経営の責任を引き継ぐ準備が整った状態で経営を担当することができます。

②段階的なステップ

　計画的承継型では、後継者が段階的に経営の責任を引き継ぐことが一般的です。後継者は、最初は経営の一部を担当し、徐々に全体の経営に関わる範囲を広げていきます。この段階的なアプローチにより、後継者は経験を積みながら経営に必要な能力や知識を身につけることができます。

③リスクの最小化

　計画的承継型では、後継者が経営を引き継ぐ前に十分な準備期間が設けられるため、リスクを最小限に抑えることができます。後継者は経営の責任を引き継ぐ際に自信を持ち、よりスムーズに経営を担当することができます。

④組織の安定性と成長

　計画的承継型では、後継者が経営を引き継ぐ際に事前に適切な準備が行われるため、組織の安定性と成長が促進されます。後継者は経営の責任を引き継ぐ準備が整った状態で経営を担当し、組織の持続的な発展に貢献します。

　計画的承継型の親族内承継は、後継者が経営を引き継ぐ前に長期的な準備期間を設け、経営者としてのスキルや知識を段階的に身につけていくプロセスを経ます。このアプローチにより、後継者は経営の責任を引き継ぐ準備が整った状態で経営を担当することができ、組織の安定性と成長を促進することができます。

▶共同経営型

　この型では、後継者が単独で経営を引き継ぐのではなく、前経営者を含む親族や複数の後継者が共同で経営に関わる形態を指します。共同経営は、さまざまな視点やスキルを経営に取り入れることができる一方で、意思決定における対立や調整の難しさも伴います。

　共同経営型の親族内承継の主な特徴は以下の通りです。

①複数の経営参画者

　共同経営型では、後継者として複数の親族や後継者が経営に関与します。前経営者を含む複数の人々が経営の意思決定や業務の遂行に参加し、経営の方針や戦略を共同で決定します。

②複数の視点やスキルの組み合わせ

　共同経営型では、複数の経営参画者がそれぞれ異なる視点やスキ

ルを持ち込みます。これにより、経営における意思決定や業務の遂行において、多様な視点やスキルが組み合わされます。経営参画者間の協力と連携により、組織の柔軟性や創造性が高まります。

③意思決定の複雑性

　共同経営型では、複数の経営参画者が経営に関与するため、意思決定のプロセスが複雑化します。異なる意見や価値観が存在する場合、合意形成に時間がかかることがあります。また、意思決定の際には参画者間での調整やコミュニケーションが重要となります。

④リスクとメリットの共有

　共同経営型では、経営参画者間でリスクとメリットが共有されます。経営における成功や失敗は、複数の経営参画者によって共有されるため、リスクを分散し、成功の喜びを共有することができます。一方で、意思決定や業務の遂行においては、共同での調整と協力が不可欠です。

　共同経営型の親族内承継は、複数の経営参画者が共同で経営に関与する形態を指します。複数の経営参画者が組織に異なる視点やスキルを持ち込み、協力して経営を担当することで、組織の柔軟性や創造性が高まります。一方で、意思決定のプロセスが複雑化し、調整と協力が必要となります。

▶段階的承継型

　後継者が一部の経営権限や事業部門をまず引き継ぎ、徐々にその範囲を広げていく形態で、後継者候補が比較的若い場合によく見ら

れます。この型では、後継者は段階的に経験を積みながら、全体の経営に必要な知識や能力を身につけていきます。このプロセスは、後継者にとって経営の重責に圧倒されることなく経営に慣れる機会を提供します。

段階的承継型の親族内承継の主な特徴は以下の通りです。

①部分的な引き継ぎ

段階的承継型では、後継者が一部の経営権限や事業部門をまず引き継ぎます。この段階では、後継者が経験を積みながら経営の責任を担当する機会が与えられます。

②徐々に範囲を拡大

後継者が経験を積みながら、経営権限や事業部門の範囲を徐々に拡大していきます。この過程において、後継者は段階的に経営に必要な知識や能力を身につけていきます。

③経験の積み重ね

段階的承継型では、後継者が経験を積み重ねながら経営を学ぶことができます。初期段階ではリスクを最小限に抑えながら経験を積み、徐々に経営の責任を引き継ぐ準備を進めることができます。

④後継者の成長を支援

段階的承継型では、後継者の成長を支援する仕組みが整備されます。経験を積みながら成長していく後継者に対して、適切な教育や指導が提供され、経営の責任を引き継ぐ準備が整えられます。

段階的承継型の親族内承継は、後継者が一部の経営権限や事業部門をまず引き継ぎ、徐々にその範囲を広げていく形態を指します。 後継者が経験を積みながら成長し、経営の責任を段階的に引き継いでいくことが特徴です。

▶アドバイザリー型

　この型では、後継者が経営を引き継ぐが、前経営者がアドバイザーやコンサルタントの役割を担い、重要な意思決定や戦略立案の際に助言を提供します。この方式は、経験と新鮮な視点のバランスを取りながら、スムーズな経営移行を図ることができます。

　アドバイザリー型の親族内承継の主な特徴は以下の通りです。

①アドバイザーの役割

　前経営者が経営を引き継ぐ後継者に対してアドバイザーやコンサルタントとしての役割を担います。後継者は経営の責任を引き継ぐ際に、前経営者からの助言や指導を受けることができます。

②意思決定の支援

　アドバイザーは後継者に対して重要な意思決定や戦略立案の際に支援を提供します。経営の方針や戦略に関する意見や助言を通じて、後継者が適切な判断を行うことを支援します。

③経験と新鮮な視点のバランス

　アドバイザーは経験豊富な前経営者でありながら、新しい視点やアイデアも持ち込むことができます。このバランスを活かして、後継者は経験に裏打ちされた意見と新鮮な視点を組み合わせながら経

営を担当することができます。

④スムーズな経営移行

　アドバイザーの存在により、後継者は経営を引き継ぐ際によりスムーズに移行することができます。前経営者からの助言や指導を受けながら、後継者は経営の責任を引き継ぎ、組織の持続的な成長を促進します。

　アドバイザリー型の親族内承継は、後継者が経営を引き継ぐ際に前経営者がアドバイザーやコンサルタントとしての役割を担い、経営の意思決定や戦略立案に助言を提供する形態を指します。このアプローチにより、後継者は経験と新鮮な視点のバランスを活かして経営を担当し、組織の成長を促進します。

親族内承継の類型

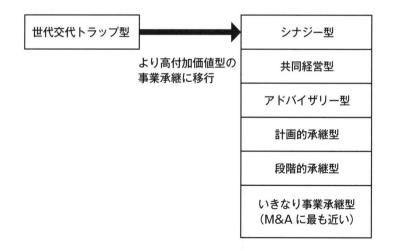

　これらの類型は、実際の事業承継の状況に応じて、様々な形で組み合わせられたり、カスタマイズされたりすることが一般的です。重要なのは、承継計画が事業の特性、後継者の能力、及び組織の将来の方向性に合致していることです。

　また、事業承継を類型化し分析することで、低付加価値構造の事業承継をより高付加価値型の事業承継に移行させていくことが必要です。

第3節　親族外承継（M&A）の類型分析

　企業の合併と買収（M&A）は様々な戦略的目的を持って行われます。一般的に、M&Aは以下のような主要な類型に分けられます。

▶スケールメリット追求型（規模の経済）

　この類型のM&Aは、生産能力の増大、市場シェアの拡大、コスト削減を目的としています。同じまたは類似の製品・サービスを提供する企業間で行われることが多いです。規模の拡大によるコスト削減（固定費の分散、購買力の向上など）を目指します。

　スケールメリット追求型のM&Aの特徴は以下の通りです。

①生産能力の増大

　スケールメリット追求型のM&Aでは、合併や買収によって生産能力を増大させることを目指します。これにより、生産効率の向上や固定費の分散効果を生み出し、コスト削減や利益率の向上を図ります。

②市場シェアの拡大

　合併や買収によって企業の市場シェアを拡大することがスケールメリット追求型のM&Aの目的の一つです。市場シェアの拡大により、企業は市場での競争力を強化し、顧客の獲得や収益の増加を図ります。

③コスト削減

　スケールメリット追求型のM&Aでは、合併や買収によってコスト削減を実現することが重要な目標の一つです。生産規模の拡大による生産効率の向上や、購買力の増大による原材料の調達コストの削減などがその手段となります。

④利益率の向上

　スケールメリット追求型のM&Aは、生産能力の増大や市場シェアの拡大、コスト削減を通じて、企業の利益率の向上を目指します。これにより、企業の収益性が向上し、株主価値の向上や企業価値の増大を実現します。

　スケールメリット追求型のM&Aは、企業が自社の規模を拡大し、競争力を強化するための重要な戦略的手段として活用されます。生産能力や市場シェアの拡大、コスト削減などの効果を追求することで、企業の成長や収益性の向上を実現します。

▶水平統合型（水平的統合）

　この類型は、同じ業界の企業が統合することで、競争を減少させ市場の支配力を高めることを目的としています。競合他社の買収に

より、市場シェアの拡大や製品ラインナップの拡充を図ります。技術や特許などの知的財産の共有、製品開発のスピード向上などの効果も期待されます。

水平統合型のM&Aの特徴は以下の通りです。

①市場支配力の強化

水平統合型のM&Aは、競合他社を買収することで市場シェアを拡大し、市場支配力を強化することを目指します。これにより、企業は市場での競争を減少させ、価格競争や市場シェアの争いを回避することができます。

②製品ラインナップの拡充

同じ業界の企業同士が統合することで、製品ラインナップを拡充することが可能となります。買収した企業の製品やサービスを自社の製品ラインナップに統合することで、顧客により幅広い製品やサービスを提供することができます。

③技術や特許の共有

水平統合型のM&Aでは、買収した企業の技術や特許を活用することで、製品開発のスピードを向上させることが可能となります。また、競合他社からの技術や特許の取得により、独自性の高い製品やサービスを提供することができます。

④経営効率の向上

水平統合型のM&Aによって、重複した機能や施設を削減することで、経営効率を向上させることができます。また、合併に伴う組

織再編やプロセスの統合により、業務効率を改善することも可能です。

　水平統合型のM&Aは、同じ業界の競合他社を買収することで市場の支配力を強化し、企業の競争力を向上させるための戦略的手段として活用されます。 製品ラインナップの拡充や技術の共有、経営効率の向上などを通じて、企業の成長や収益性の向上を実現します。

▶垂直統合型（垂直的統合）

　供給チェーンの上流（供給者）や下流（顧客）の企業を買収することで、製品の流通コストを削減し、供給の安定性を高めることを目指します。例えば、製造企業が原材料の供給元や小売チェーンを買収するケースがあります。

　垂直統合型のM&Aの特徴は以下の通りです。

①供給チェーンの安定性の向上

　垂直統合型のM&Aは、自社の供給チェーンを安定化させるために行われます。例えば、製造企業が原材料の供給元を買収することで、原材料の調達を確保し、製品の生産に必要な供給の安定性を高めることができます。

②流通コストの削減

　垂直統合型のM&Aによって、企業は製品の流通コストを削減することができます。例えば、小売チェーンが物流企業を買収することで、配送コストを削減し、製品の価格競争力を向上させることができます。

③付加価値の向上

垂直統合型のM&Aによって、企業は付加価値の向上を図ることができます。例えば、小売企業が製造企業を買収することで、独自の製品を提供し、顧客のニーズに応えることができます。

④技術やノウハウの共有

垂直統合型のM&Aでは、買収した企業から技術やノウハウを取得することができます。例えば、小売企業が製造企業を買収することで、製造技術や製品開発のノウハウを活用し、独自の製品を開発することが可能です。

　垂直統合型のM&Aは、企業が自社の供給チェーンを安定化させ、製品の流通コストを削減し、付加価値を向上させるための戦略的手段として活用されます。流通コストの削減や付加価値の向上を通じて、企業は競争力を強化し、収益性を向上させることが期待されます。

▶戦略適合型（戦略的統合）

互いの補完的な強みを活かすことを目的とし、異なる市場や業界の企業間で行われることが多いです。新しい市場への進出、新技術の獲得、製品ラインナップの多様化など、長期的な戦略的目的を持って行われます。

戦略適合型のM&Aの特徴は以下の通りです。

①新しい市場への進出

戦略適合型のM&Aでは、企業が新しい市場や地理的領域に進出

するための手段として活用されます。買収企業が持つ市場知識や顧客ベースを活用し、新たな市場での展開を促進します。

②新技術の獲得

　戦略適合型のM&Aによって、企業は新しい技術やイノベーションを獲得することが可能です。買収企業が持つ技術や特許を活用し、製品やサービスの開発を加速させることができます。

③製品ラインナップの多様化

　戦略適合型のM&Aは、企業が製品ラインナップを多様化するための手段としても活用されます。買収企業が持つ製品やサービスを統合することで、顧客により幅広い選択肢を提供することができます。

④長期的な戦略的目標の達成

　戦略適合型のM&Aは、企業の長期的な戦略的目標やビジョンに基づいて行われます。買収企業との統合により、企業の競争力を強化し、収益性を向上させることが期待されます。

　戦略適合型のM&Aは、企業が新しい市場への進出や新技術の獲得、製品ラインナップの多様化など、長期的な戦略的目標を達成するための手段として活用されます。買収企業との統合によって、企業は競争力を強化し、成長を促進することが期待されます。

▶コングロマリット型（多角化統合）

　関連性のない異なる業界の企業を買収することで、リスクの分散

を図ります。経済環境の変化に対する耐性を高める目的があります
が、管理が複雑になるリスクも伴います。

　コングロマリット型のM&Aの特徴は以下の通りです。

①リスクの分散

　コングロマリット型のM&Aは、企業が自社のリスクを分散する
ための手段として活用されます。異なる業界の企業を買収すること
で、業界特有のリスクに対する耐性を高めることができます。

②経済環境の変化への対応

　コングロマリット型のM&Aでは、企業が経済環境の変化に対応
するための手段として活用されます。異なる業界の企業を買収する
ことで、経済の好況や不況に対するリスクを軽減することができま
す。

③新たな成長機会の創出

　コングロマリット型のM&Aは、企業が新たな成長機会を創出す
るための手段としても活用されます。異なる業界の企業を買収する
ことで、新しい市場や顧客層にアクセスすることができます。

④管理の複雑化

　コングロマリット型のM&Aは、企業の経営を複雑化させる可能
性があります。異なる業界の企業を統合することで、組織の管理や
運営に課題が生じる可能性があります。

コングロマリット型のM&Aは、異なる業界の企業を買収するこ

とで、リスクの分散や経済環境の変化への対応、新たな成長機会の
創出を目指す戦略的手段として活用されます。しかし、管理の複雑
化などの課題も考慮する必要があります。

▶製品・市場拡張型

　この類型のM&Aは、企業が新しい製品や市場に進出するために
行われます。既存の事業と関連性がある新製品や、新しい地理的市
場へのアクセスを目的としています。

　製品・市場拡張型のM&Aの特徴は以下の通りです。

①新しい市場への進出

　製品・市場拡張型のM&Aでは、企業が既存の事業領域とは異な
る新しい市場に進出することが主な目的です。これにより、企業は
収益源の多様化を図り、業績の安定化や成長を目指します。

②新製品の開発

　製品・市場拡張型のM&Aでは、企業が既存の製品ラインナップ
を拡充するために新しい製品を開発することが目的です。買収企業
が持つ技術やノウハウを活用し、新しい製品を市場に投入すること
で競争力を強化します。

③地理的市場の拡大

　製品・市場拡張型のM&Aでは、企業が新たな地理的市場へのア
クセスを目指します。これにより、企業は新しい顧客層や消費者市
場に参入し、収益の拡大やブランドの強化を図ります。

④企業価値の向上

　製品・市場拡張型のM&Aによって、企業の価値を向上させることが期待されます。新しい市場や製品への進出により、企業は成長機会を拡大し、競争力を強化することができます。

　製品・市場拡張型のM&Aは、企業が新しい市場への進出や新製品の開発を通じて成長を目指す戦略的手段として活用されます。新たな市場や製品への投資により、企業は収益の多様化や拡大を図り、競争力を強化します。

▶技術獲得型

　特に高度な技術を持つスタートアップや専門企業を対象に行われることが多いです。既存の製品やサービスを強化するため、または新しい事業領域を開拓するために、先進的な技術や特許を獲得する目的で行われます。

　技術獲得型のM&Aの特徴は次のとおりです。

①技術の獲得

　技術獲得型のM&Aでは、主に先進的な技術や特許の取得が目的です。これにより、買収企業は自社の製品やサービスに革新的な機能や機能を追加し、競争力を向上させることができます。

②研究開発力の強化

　技術獲得型のM&Aは、買収企業の研究開発能力を強化するために行われることがあります。買収した技術企業の専門知識や技術ノウハウを活用し、新しい製品やサービスの開発を加速させることが

期待されます。

③競争力の向上

　技術獲得型のM&Aにより、買収企業は市場での競争力を向上させることができます。先進的な技術の取得により、製品やサービスの差別化や革新が可能となり、競合他社との差別化を図ることができます。

④新規事業領域の開拓

　技術獲得型のM&Aは、買収企業が新しい事業領域に進出するための手段としても活用されます。買収した技術企業の特許や技術を活用し、新たな市場や産業への参入を促進することができます。

⑤人材の獲得

　技術獲得型のM&Aでは、買収企業が技術企業の優れた人材を獲得することも重要な目的の一つです。技術分野での専門知識や経験豊富な人材を買収することで、買収企業の研究開発能力を向上させることができます。

技術獲得型のM&Aは、革新的な技術や知識の獲得を通じて企業の成長や競争力の向上を図るための重要な手段となっています。

▶再編型（リストラクチャリング）

　業績が低迷している企業や経営難に陥っている企業を買収し、再編・再構築を行うことを目的としたM&Aです。経営の効率化、コスト構造の改革、事業の売却や撤退などを通じて企業価値を高める

ことを目指します。

　再編型（リストラクチャリング）のM&Aの特徴は以下の通りです。

①経営効率化の実現

　再編型（リストラクチャリング）のM&Aでは、買収企業が経営効率化を図ることが主な目的です。業績が低迷している企業や経営難に陥っている企業を買収し、経営の改善やコスト削減を行うことで企業価値を向上させます。

②コスト削減の実施

　再編型（リストラクチャリング）のM&Aでは、買収企業がコスト削減を実施することが目的です。経営効率の改善や業務プロセスの見直し、人員整理などを通じてコストの削減を図ります。

③事業の売却や撤退

　再編型（リストラクチャリング）のM&Aでは、不採算や事業ポートフォリオの再構築を行うことがあります。買収企業が不要な事業を売却したり、事業から撤退したりすることで、企業の経営資源の集中化を図ります。

④企業価値の向上

　再編型（リストラクチャリング）のM&Aによって、企業の価値を向上させることが期待されます。経営効率の改善やコスト削減、事業ポートフォリオの再編成により、企業の収益性や競争力を向上させます。

**再編型（リストラクチャリング）のM&Aは、経営効率化やコス
ト削減、事業の売却や撤退などを通じて企業価値を向上させること
を目的としています。** 買収企業が不採算な部門や事業を整理し、経
営資源を最適化することで、企業の競争力を強化します。

▶財務投資型

　投資リターンを目的としたM&Aで、プライベートエクイティ
ファンドなどの投資家が行うことが多いです。短期間での価値向上
と売却を目指し、一般的には経営の効率化や事業の再編を行います。
　財務投資型のM&Aの特徴は以下の通りです。

①投資リターンの追求

　財務投資型のM&Aでは、投資家が投資リターンを追求すること
が主な目的です。投資家は、企業の株式を取得し、経営効率の改善
や事業再編を行うことで企業価値を向上させ、一定期間後に利益を
得ることを目指します。

②短期間での価値向上と売却

　財務投資型のM&Aでは、投資家が比較的短期間で企業の価値を
向上させ、売却を行うことが一般的です。投資家は、企業の株式を
取得した後、経営効率の改善や資本構造の最適化、事業の再編成な
どを行い、企業価値を高めます。

③経営効率の改善

　財務投資型のM&Aでは、投資家が経営効率の改善を図ることが

あります。投資家は、経営陣の見直しや業務プロセスの最適化など を通じて企業の収益性を向上させることを目指します。

④事業再編

財務投資型のM&Aでは、投資家が事業再編を行うことがあります。投資家は、不採算な部門の売却や事業ポートフォリオの再構成などを通じて、企業の事業構造を最適化し、収益性を向上させます。

財務投資型のM&Aは、投資家が短期間で投資リターンを追求することを目的としています。投資家は、企業の株式を取得した後、経営効率の改善や事業再編を行うことで企業価値を向上させ、一定期間後に売却して利益を得ることを目指します。

▶防衛型

自社の競争力を守るため、または敵対的買収から身を守るために行われるM&Aです。重要な供給元や流通チャネルを確保することや、競争相手による買収を阻止することが目的です。

防衛型のM&Aの特徴は以下の通りです。

①自社の競争力の維持

防衛型のM&Aでは、企業が自社の競争力を維持するために行われます。競合他社の買収による市場支配力の損失を防ぎ、企業の地位を守ることが目的です。

②敵対的買収からの身を守る

防衛型のM&Aでは、他社からの敵対的買収から身を守るために

行われます。企業は、他社の買収を防止するために、自ら買収企業を探し、提携や合併を行うことがあります。

③重要な供給元や流通チャネルの確保

防衛型のM&Aでは、企業が重要な供給元や流通チャネルを確保するために行われることがあります。競合他社がこれらの資源を取得しようとする場合、企業は自ら買収を行い、競争力を維持します。

④市場支配力の維持

防衛型のM&Aでは、企業が市場支配力を維持するために行われることがあります。競合他社が市場での地位を強化しようとする場合、企業は買収を行い、市場支配力を維持します。

防衛型のM&Aは、企業が自社の競争力を守るため、または敵対的買収から身を守るために行われる戦略的手段として活用されます。他社の買収を防止し、競争力を維持するために、企業は自ら買収を行い、市場での地位を守ります。

これらの類型は、企業が直面する市場の課題や機会、戦略的目的や長期的なビジョンに応じて選択されます。M&Aの動機は複雑で多様であり、実際の取引では複数の目的が組み合わされることがよくあります。そして各類型の戦略的目的に応じたKPI（Key Performance Indicators）を設定し、デューデリジェンスやバリュエーションと連携して情報収集したうえで最適な意思決定を行うことが重要です。

M&A類型ごとの主要KPI例

M&A類型	主要KPI例示
スケールメリット追求型	生産能力利用率 売上高 コスト削減率 キャッシュフロー増加率
水平統合型	合併後の市場シェア 顧客獲得率 販売成長率 顧客満足度指数
垂直統合型	製品の流通コスト削減率 在庫回転率 納期遵守率 供給安定性指標
戦略適合型	新製品/サービスの市場投入速度 技術革新率 顧客拡大率 ブランド価値指標
コングロマリット型	合併後の事業部門の収益成長率 リスクの分散効果 事業ポートフォリオの多様性指標 キャッシュフローの安定性
製品・市場拡張型	新規市場進出の成功率 新製品/サービスの売上成長率 地理的市場シェア拡大率 マーケットエントリーコスト
技術獲得型	技術革新率 特許取得数/特許ポートフォリオの成長率 新製品開発速度 技術トレンドへの適応性

再編型	コスト削減率 経営効率化指数 事業売却の成功率 財務パフォーマンスの改善率
財務投資型	投資リターン率（IRR） 投資元本の倍増率 利益率の向上 投資期間の短縮
防衛型	競合他社の市場シェア変化率 知的財産権（特許、商標）の保護効果 カスタマー・スプリーム率 敵対的買収からのリスク回避効果

第 3 章

承継意思決定の
フレームワーク

承継意思決定はケイパビリティ適合性分析のプロセスである

事業承継の意思決定は、親族内承継・M&Aを問わず、ケイパビリティ適合性分析のプロセスを通じて行われます。 このプロセスでは、事業を継承する候補者や候補組織の能力や資質を評価し、事業の現在および将来の要求とどの程度合致しているかを分析します。

この分析には、候補者の経験、スキル、知識、組織能力、候補組織の事業との親和性、対象事業に対するビジョンやコミットメントが考慮されます。適切な候補者の選定は、事業の持続可能な成長と発展を確保する上で極めて重要です。

事業承継の意思決定においてケイパビリティ適合性分析のプロセスは、親族内承継でもM&Aでも非常に重要な役割を果たします。このプロセスは、事業を継承する候補者や組織が、事業の現在および将来の要求に適合しているかどうかを評価し、最適な承継計画を策定するために行われます。

▶セルサイドまたは先代のプロセス

①成長戦略の確認

事業の将来像とそれを実現するための戦略を明確に理解します。これには、市場の機会、競合他社との比較、将来の収益性などが含まれます。

②経営課題の把握

現在直面している課題や将来予想される問題点を明確にします。これには、財務状況、経営体制、市場の変化などが含まれることが

あります。また、事業承継やM&Aにおいては、後継者不在や経営者の高齢化などが経営課題の一つとして意識されることにより、事業承継やM&Aが行われることになります。

③ケイパビリティの特定

　事業が現在及び将来直面するであろう課題と機会を理解し、それに対応するために必要な核となるケイパビリティを特定します。これには、リーダーシップ、戦略的思考、市場理解、技術面を含めた経営リソースなどが含まれるかもしれません。

④ケイパビリティの獲得手段の検討

　自社リソースで補完できない経営課題を解決するために、外部からどのような能力や資源が必要かを検討します。これには、提携、合併、買収、売却、事業承継などのあらゆる選択肢が含まれます。

⑤承継候補者の探索

　事業の要求に合致する能力や資質を持つ候補者を探します。これには、家族内のメンバー、社内の幹部、外部の組織などが考慮されます。

▶バイサイドまたは後継者のプロセス

①自己のケイパビリティの把握

　自分自身または自社の現在の能力、資源、強みと弱みを理解します。これは、将来の事業運営において自分たちがどのような価値を提供できるかを判断する基盤となります。

②対象企業の経営課題と成長戦略の把握

　買収または継承を検討している企業の現状と将来計画を理解します。これには、その企業の市場位置、競争力、財務健全性などが評価されます。

③ケイパビリティの適合性の確認

　自分自身または自社が対象企業の成長戦略を遂行するための必要な能力を持っているかを確認します。このプロセスでは、ギャップ分析が行われ、必要な能力開発が計画されることもあります。

④統合または承継の戦略目標の達成見込みの評価

　事業承継またはM&Aがどの類型に属するかを確認し、その戦略目標または統合シナジーの達成見込みを評価します。承継や統合の類型を分析することによって、統合シナジーを具体的KPIまで絞り込み、評価するとが可能となります。

　このように、**ケイパビリティ適合性分析は、事業承継またはM&Aを成功させるための重要なステップです。**適切な候補者や組織が選ばれ、必要な能力が開発され、統合シナジーが具体化されることにより、事業は円滑に承継され、持続可能な成長と発展が確保されることになります。

第2節　親族内承継における意思決定の原則

　「子は家業を継ぐのが当たり前」という考え方は歴史的にも、特に家業や家族経営が多い地域や文化において一般的でした。そして、中小企業の事業承継の現場においては、今でもなお創業経営者がこのような考えを持っていることが多いのが実情です。

　しかし現代においては、**事業承継の現場において後継者に事業を継ぐか否かの選択権があります。**つまり後継者側からみれば事業を引き継ぐかの意思決定をしなければならないということであり、意思決定の判断基準が必要であるということです。

　しかしながら、「子は家業を継ぐのが当たり前」という偏見が存在することによって、事業承継のテクノロジーが発展してきませんでした。

　一方で、M&Aの世界においては、事業に投資する意思決定に明確な判断基準が存在しています。実際のところ、家業を「継ぐ」という意思決定の思考プロセスは、事業を「買う」という意思決定のプロセスとほとんど同一であり、M&Aの概念を親族内承継の現場にも応用することが可能なのです。

　「子の人生は親の人生の続きではない。」

　この言葉は、子供たちが自分たちの道を持っていること、そして親が彼らの期待や夢を子供に押し付けるべきではないことを示しています。各人は独自の経験や夢、目標を持っています。親としての役割は、子供たちが自分たちの人生を最善の方法で生きる手助けをすることです。

しかしながら、事業承継の現場においては「子は家業を継ぐのが当たり前」という真逆の考え方が蔓延しています。親に養われている未成年の子どもに対して、親が決めつけた進路に従わない場合には勘当だと平然と言い放ち、それが当たり前であると思っている中小企業の社長は実に多いものです。

　事業承継や家業を継ぐという文化や伝統は、多くの国や地域で長い間続いています。しかし、現代では子供たちに自分の興味や情熱に基づいてキャリアを選ぶ権利があり、家業を継がせようとすることが子供たちの自己実現や個人的な興味と対立する場合があります。

　親として、また事業主として、子供たちの選択を尊重し、彼らが自分の人生の道を選べるようにサポートすることが重要です。もし家業を継ぐことを望む場合、それは子供の真の意思から来るものであるべきです。

　そして、事業承継は、経営移譲するという先代の自由意思と事業を引き継ぐという後継者の自由意思に基づいて行われるべきものです。

　したがって、「M&Aのように親族内承継を行う」という考え方は、人間の人生が自由意志に基づいて決定されるべきであるとする哲学を体現したものであると言えます。

　事業承継は単なる伝統や慣習に基づいて行うものではなく、関与するすべての人々の自由意志や選択を尊重するプロセスであるべきです。M&Aのように親族内承継を行う考え方は、多様な選択肢を持つことの重要性や、それぞれの家族や事業が異なる状況やニーズを持つことを認識するアプローチであり、それ自体がある種の技術革新であると言えます。

　伝統や文化の中には有意義な側面も多いですが、時代や状況とと

もに変化し、適応することも必要です。子供たちの未来や家族の事業の継続性を考慮する際、柔軟性や選択肢の多様性を持つことが、持続的な成功や次世代を担う人たちの幸福をもたらす鍵となるでしょう。

　これらの考えは、事業承継の現代的なアプローチを示すものであり、事業承継の背後にある主要な要因や動機を理解することで、伝統と現代性の間のバランスを見つけることが可能となります。

　最終的に、事業承継の方法やアプローチは、関与する個人や家族、そして事業そのもののニーズに合わせて選択されるべきです。伝統と現代性を適切に組み合わせることで、最も効果的で持続可能な解決策を見つけ出すことができるでしょう。

　中小企業の事業承継の現場においてM&Aを推奨することは、人間の一生が如何に尊いものであるかを再確認することであり、すべての人に自由意思に基づく幸福追求の権利があることの再確認に他なりません。

第3節　親族内承継の承継意思決定に役立つ「七光り分析」

　「七光り」とは、日本の俗語で、特にビジネスや政治、芸能界などの社会的な文脈で使われる言葉です。この表現は誰かがその親や有名な家族の名声、地位、または業績によって得られる利益や地位を指して使われます。つまり、個人が自身の努力や能力によってではなく、家族の影響力や名声に「照らされて」その地位や利益を得ている状況を表すのに使われます。

　事業承継の文脈で考えると、**「七光り」には「親の七光り」と「子の**

七光り」の２パターンが存在しています。事業承継における「親の七光り状態」とは、後継者が事業そのものの価値によって他の選択肢より多くの人生における可能性を得られる状況を指します。この状態においては、事業が後継者を惹きつける力を有しており、親族内承継であれM&Aであれ、承継先に困る可能性は低いと考えられます。また、この状態は、事業経営者が目指すべき状態でもあると言えます。右肩上がりで経済が成長していく状態であれば、家業が成長していくため、事業承継は多くがこの親の七光り状態、つまりは他の選択肢と比べて家業を継ぐことに合理性がある状態でした。

　反対に、人口減少社会においては、親の七光り状態の事業承継が減少していきます。都内の大企業に定年まで勤めあげる状態より多くの経済的利益を得られる事業承継は非常に少なくなっています。したがって、これからの事業承継の後継者は、「子の七光り」の状態を念頭において事業承継の意思決定を行う必要があります。「子の七光り」は、事業が後継者に依存している状況を指します。これは、事業そのものよりも後継者の個人的な能力や経営手腕が事業の成功に大きく影響している場合に見られます。この場合、後継者は自身の能力や経営手腕を活かして独自の能力と革新的なアイデアを事業にもたらすことが求められます。

　既存の親族内承継においては、「家業は継ぐもの」という誤った偏見があったために、事業を承継するか否かの意思決定の判断基準が存在していませんでした。したがって、承継する事業が「親の七光り状態」にあるのか、「子の七光り状態」で運営しなければならないかの正確な情報も提供されてこなかったという実情があります。しかしながら、親族内承継ではこの判断基準が提示されてきませんでしたが、M&Aの世界においては、事業を買うか否かに明確な判断

基準が存在しています。

　承継対象の事業が親の七光り状態にあるか子の七光り状態にある事業かを判別する手法は、M&Aのバリュエーション理論を応用することにより得られます。

▶承継意思決定のプロセスである「七光り分析」の具体的プロセス

・現在時点から引退までの、家業を継ぐ以外の選択肢から得られる退職金を含む雇用者報酬の合計額を予測する。

　家族を連れて戻る場合には、配偶者が地方に移住することによる収入の増減分も加味します。

　また、家業を継ぐという意思決定は他の選択肢の放棄を意味しますので、ファイナンス理論的には選択肢多様性を放棄する分のプレミアムを加味しておく必要があります。つまりは、今見えている選択肢と同程度の経済的利益では合理性はないということです。

・事業の財務データから、EV/EBITDA倍率やDCFの数値を収集する。

・事業の財務データの役員報酬の額に、家業を継ぐ以外の選択肢から得られる毎年の雇用者報酬の平均値を代入する。

・役員報酬の額を、家業を継ぐ以外の選択肢から得られる毎年の雇用者報酬の平均値で代替してEV/EBITDA倍率法やDCF法を適用し、株式承継コスト（相続税など）を加味した後継者帰属価

値がプラスで出るようであれば「親の七光り状態」、マイナスになってしまうようであれば「子の七光り状態」であり、家業を継ぐことが合理性に乏しい状態を示唆しています。

この分析により、承継対象の事業が「親の七光り状態」にあるか「子の七光り状態」にあるかを明確に判別できます。事業承継を考える際には、このような分析を行うことで、後継者が自身の役割と責任をより明確に認識し、戦略的かつ合理的な意思決定を行うことが可能になります。また、M&Aの世界では、このようなバリュエーション理論が一般的に応用され、明確な判断基準が存在しています。事業承継においても、これらの理論を適用することで、より客観的かつ合理的な判断が行えるようになります。

▶七光り分析の具体例

ステップ１：現在の選択肢の評価

現在の仕事を続けた場合の稼働期間の年収平均予測：6,000,000円

現在の仕事を続けられる期間：20年

退職金：20,000,000円（退職時に一括で受け取れると想定）

配偶者の年収変動：地方への移住に伴い、配偶者の年収が年平均500,000円減少（その分多く稼がないと合理性はない）

ステップ２：家業の財務データの分析

家業の年間収益（正常EBITDA）：10,000,000円

親の役員報酬：3,000,000円（最初10年間は発生、その後10年は発生しないと仮定）

ネットデット：20,000,000円

ステップ 3：七光り状態の判断

家業を継ぐ以外の選択肢から得られる毎年の雇用者報酬：6,500,000（現在の仕事の年収と配偶者の減収を考慮）＋退職金 20,000,000 円÷20 年＝7,500,000 円

家業参画後のプロフォーマ EBITDA

報告 EBITDA：10,000,000 円

＋分析期間の親への役員報酬：3,000,000 円×10 年÷20 年＝1,500,000 円

−家業を継ぐ以外の選択肢から得られる毎年の雇用者報酬 7,500,000 円

＝プロフォーマ EBITDA 4,000,000 円

類似上場企業の EV/EBITDA 倍率：7 倍

事業価値　プロフォーマ EBITDA×7 倍＝28,000,000 円

ネットデット　20,000,000 円

相続税等の承継コスト　5,000,000 円（家業の顧問税理士よりヒアリング）

後継者帰属価値 28,000,000 円−20,000,000 円−5,000,000＝3,000,000 円

　この場合、家業を継ぐことは「親の七光り状態」に該当します。他の選択肢から得られる雇用者報酬を差し引いたとしても後継者帰属価値がプラスとして計算されるため、経済合理的な選択と言えます。

　重要なことは、後継者候補者の他の選択肢の状況によって承継が合理的である場合とそうでない場合があるということです。たとえば、平均して年収 2,000 万を得られる場合には、家業に戻ることによるプロフォーマ EBITDA がマイナスとなってしまうので、後継

者帰属価値がマイナス（つまり家業を継ぐことが経済的にはマイナス）となってしまいます。

　実際には、お金だけの問題ではないため目安に過ぎない面もありますが、このような代替案との比較は、事業承継の意思決定に不可欠な視点を提供します。

第4節　親族内承継における取引相場のない株式の評価

　M&A（合併・買収）において、企業の株式売買は市場原理に基づき、取引当事者間で合意された価格が時価とみなされます。これは、開かれた市場での供給と需要の力によって価格が決定されるためです。一方、**親族内承継では、株式は市場を介さずに相続や贈与を通じて移転されるため、売買による明確な市場価格が存在しません。**このため、相続税や贈与税の課税標準となる価格が必要となり、この課税標準となる価格が財産評価基本通達に定める「取引相場のない株式の評価」です。

　取引相場のない株式の評価を求めることで、将来の相続税や贈与税による株式承継コストを予測するだけでなく、先述した親族内承継の承継意思決定における後継者帰属価値を算定する際により精緻な情報を提供します。

　親族内承継では、事前の税務計画も非常に重要です。適切な移転計画、可能な節税策の検討などを通じて、税務コストを最適化することが望まれます。

　親族内承継における株式評価と税務計画は複雑であり、専門知識を要するため、多くの場合、税理士などの専門家による支援が必要

です。これにより、合法的かつ効率的に財産を承継し、不意の税負担を避けることができます。

第 5 節　引継先の選定は「成長戦略を託せるか?」ということ

事業承継における後継者候補の選定は、親族内承継でも親族外承継（M&A）でも、企業の長期的な成長戦略を託せるかどうかが重要な判断基準となります。

以下は、この基準を踏まえた引継先選定の主要な考慮事項です。

ビジョンと方向性：候補者が企業の現状を理解し、将来どのように成長させていくかについて明確なビジョンを持っているかが重要です。彼らのビジョンが企業の文化、価値観、および長期的な目標と合致するかを評価します。

戦略的思考能力：市場のトレンド、競合の動向、新しい技術やイノベーションを理解し、それらを企業の戦略に組み込む能力が求められます。また、戦略を具体的なアクションプランに変換し、実行する能力も重要です。

実行力と結果へのコミットメント：候補者が過去にどのような成果を出してきたか、また困難な状況でも成果を出すためにどのように行動してきたかを評価します。成長戦略を託せる後継者は、具体的な成果にコミットし、それを達成するための実行力が必要です。

リーダーシップと人材管理：成長戦略を成功させるには、効果的なリーダーシップとチームを構築し、育成する能力が不可欠です。候補者が人材の潜在能力を引き出し、動機付け、指導することができ

るかを見極めます。

変化への適応力：市場や技術の変化に柔軟に対応し、変化をチャンスと捉える能力は、持続的な成長を達成するために不可欠です。候補者が過去にどのように変化に対応してきたか、また変化をいかにして機会に変えてきたかを評価します。

意思決定の質とスピード：効果的な意思決定は、リスクとリターンを適切に評価し、迅速かつ確実に決断を下す能力を含みます。後継者は、不確実性の中で賢明な決断を下し、必要に応じて調整を行うことが求められます。

コミュニケーションとステークホルダーとの関係：内外のステークホルダーとの効果的なコミュニケーションは、支持を得て戦略を実行する上で不可欠です。後継者は多様な関係者との信頼関係を築き、共感を呼び起こすコミュニケーション能力を持っている必要があります。

　これらの要素を総合的に評価することにより、企業の将来を託せる適切な後継者を選定することが可能になります。このプロセスは、親族内承継でも親族外承継（M＆A）でも、企業の成功と継続性を確保するための重要なステップです。

　このように考えると、親族内承継であれM＆Aであれ、事業承継は事業が社会的に最適な経営者に出会うプロセスであり、経営者としての資質の評価が如何に重要であるかを示しています。

第6節　承継や買収の意思決定の際の判断基準

　承継や買収の意思決定の際に最も重要な判断基準の一つは、対象企業の成長戦略を引き継ぎ、成功させる能力があるかどうかです。この基準は、事業の持続可能性と長期的な成功に直接影響を与えるため、次の点で考慮されるべきです。

ビジョンと戦略の適合性：候補者または買収者が、企業の現在のビジョンと成長戦略を理解し、それに共感し、さらにそれを発展させることができるかどうかが重要です。特に親族外承継では、新しい所有者が企業の文化と価値観に合致するかどうかも重要な考慮事項です。

リーダーシップと管理能力：成功的な事業承継には、強力なリーダーシップと優れた管理能力が必要です。後継者または買収者がチームを率い、業績を向上させることができる実績と能力を持っているかどうかを評価します。

業界と事業の知識：業界の動向、競合他社、顧客のニーズ、技術の進歩など、関連する知識と経験を持っているかどうかも重要です。この知識が、企業の成長戦略を適切に理解し、実行するための基盤となります。

資金調達と財務管理：成長戦略を実行するためには、適切な資金調達と効果的な財務管理が不可欠です。後継者または買収者がこれらの要素を管理する能力を持っているかどうかを検討します。

革新と変化への適応：市場は常に変化しています。後継者または買収者が変化に対応し、新しい機会を利用して企業を成長させる能力

を持っているかどうかが重要です。

リスク管理：成長戦略にはリスクが伴います。後継者または買収者がリスクを適切に識別、評価、管理することができるかどうかを確認します。

　これらの判断基準は、事業承継やM&Aのプロセスにおいて、適切な後継者または買収者を選定し、企業が長期的に成長し続けるための基盤を築くために重要です。事業承継は単に経営の権利を移転すること以上の意味を持ち、企業の将来の方向性と成功がかかっています。したがって、これらの基準に基づいた慎重な評価と計画が必要となります。

第7節 取引対価の目線とバリュエーション理論

　M&A（合併・買収）における取引対価は、対象企業の真の価値をどのように評価し、その価値に基づいてどのように支払いを行うかという点に関連します。取引対価の決定には、さまざまなバリュエーション（評価）理論が用いられ、これらは買い手と売り手双方の視点を反映します。

▶買い手の視点

投資回収期間：買い手は、投資した資本がいつ回収されるかを考えます。短い回収期間は望ましいとされますが、それは同時に高いリスクを伴う場合もあります。

将来のキャッシュフロー：割引キャッシュフロー（DCF）モデルを

用いて、将来得られるキャッシュフローの現在価値を計算します。買い手は、投資に見合ったリターンが得られるかを評価します。

シナジー効果：買い手は、買収後に企業間で生じる可能性のあるコスト削減や売上の増加などのシナジー効果を考慮に入れます。

▶売り手の視点

プレミアムの期待：売り手は通常、市場価値以上の価格を期待します。これは、企業が持つ特別な価値や将来の成長潜在力に対するプレミアムです。

相対的バリュエーション：類似の過去の取引や業界の平均的な取引倍率（例：EV/EBITDA倍率（P.189参照））を参照し、それに基づいて自社の価値を推定します。

代替案の評価：売り手は、M&A以外の選択肢（独立して事業を続ける、他の買い手と交渉するなど）の価値と比較して、提案された取引が適切かどうかを評価します。

バリュエーション理論：割引キャッシュフロー（DCF）：最も一般的なバリュエーション手法の一つで、企業の将来の自由キャッシュフローを割引率で割り引いた現在価値を計算します。割引率は通常、資本コスト（WACC）で表されます。

比較企業分析（Comparables）：同業他社や似たような取引を参照し、それらの平均的な取引倍率を基に対象企業の価値を推定します。主にはEV/EBITDA倍率法が用いられることが一般的です。

修正時価純資産＋営業権法：企業の価値評価に関する手法の一つで、主に非上場企業や特定の業界における中小企業の価値を評価するのに用いられます。この方法は、企業の純資産の時価を修正し、それに営業権（グッドウィル）の価値を加えることで企業価値を算出し

ます。

　なお、詳細は第10章で詳しく解説します。
　M&Aにおける取引対価の決定は、これらの理論に基づいて行われますが、最終的な価格は交渉の結果によっても大きく変動します。

第4章

合意形成の
留意事項

　事業承継の分野の書籍を見渡してみたとき、それが誰の視点から記載されたものであるかが重要です。

　事業承継の分野の解説書は、大別してみると、**現経営者やオーナーの視点、後継者や買収者の視点、事業承継を支援する士業やコンサルタント等の視点**の3つの視点でそれぞれ記載されており、それぞれ違うことが書かれていることが分かります。たとえば、「親族内承継では承継期間を柔軟に設定することができる」と記載されている場合、現経営者の視点でいくと、その気になれば生涯現役を続けられるという意味で捉えられます。

　しかしながら、後継者の視点からいくと、先代がいつ辞めるか分からないため、承継後の計画の不確実性が高いことを意味し、またいつまでも承継が進まない可能性があるという側面が意識されます。

　事業承継を支援する専門家の視点で記載された書籍は、事業承継の税務上の論点が協調されることや、法的論点が協調されることが多く、どのような場面でどの専門家の知識が有用かを説明することが中心となります。事業承継やM&Aは、多くの当事者と進めていくため、誰がどのような利害で意見を述べているか、自分自身の視点だけではなく、利害関係者の視点を持っておくことは非常に有用となります。

第2節　基本合意前のデューデリジェンスが何故重要か?

　基本合意前のデューデリジェンス (対象企業の詳細な調査) は M&A プロセスの中で非常に重要なステップです。特に、情報の非対称性の解消と不確実性ディスカウントの回避の観点から、その重要性を以下にまとめます (第 8 章参照)。

▶情報の非対称性の解消

①情報の非対称性とは

　情報の非対称性は、売り手と買い手の間で利用可能な情報量や質に差がある状況を指します。この状況では、売り手は自社に関する詳細な情報を持っているのに対し、買い手は限られた情報しか持っていません。

②デューデリジェンスの役割

　デューデリジェンスにより、買い手は財務、法務、事業、税務など、様々な側面での詳細な調査を行います。これにより、売り手と買い手間の情報格差を縮小し、買い手がより情報に基づいた意思決定を行えるようになります。

③リスクの識別

　詳細な調査を通じて、隠れた負債、訴訟リスク、運営上の問題など、表面上は見えないリスクを明らかにします。これにより、買い手は意外な問題に直面するリスクを減少させることができます。

▶不確実性ディスカウントの回避

①不確実性ディスカウントとは

　不確実性ディスカウントは、将来の不確実性により資産の価値が下がる現象です。不確実性が高いほど、買い手はリスクを避けるために低い価格での取引を求めます。

②デューデリジェンスによる不確実性の低減

　デューデリジェンスを通じて買い手は企業の実情を深く理解し、将来の収益性やリスクをより正確に評価できるようになります。これにより、不確実性が減少し、不確実性ディスカウントが縮小します。基本合意前にセルサイドのFAがデューデリジェンスを実施し情報を提供することは、買い手により詳細な情報を提示することにより情報の非対称性を解消して不確実性ディスカウントを回避する機能があります。

③適切な取引価格の設定

　デューデリジェンスの結果を踏まえて、買い手と売り手は共に合理的な取引価格に合意しやすくなります。買い手は過剰なディスカウントを避け、売り手は企業の真の価値に見合った価格を得ることができます。

　基本合意前のデューデリジェンスは、買収プロセスにおける情報の非対称性を解消し、不確実性ディスカウントを回避するために極めて重要です。これにより、買い手はリスクを適切に評価し、両方の当事者が納得する取引を行うための情報に基づいた決定を行うことが可能になります。結果として、より公正で効率的なM&A取引

が実現され、不測の問題や後悔のリスクが最小限に抑えられます。

修正時価純資産＋営業権法（年買法）が注意しなければならない理由

「修正時価純資産＋営業権法」における企業価値評価は、特に非上場企業や中小企業のM&Aにおいて重要な役割を果たします。この方法は、企業の純資産の時価に基づいて修正し、その上に営業権の価値を加算することで企業価値を算出します。しかし、この手法を適用する際には、いくつかの重要な注意点を考慮する必要があります。

①法人の純資産に基づく評価

この方法は、主に法人の純資産に基づいた評価です。これは、事業全体の評価ではなく、事業の収益性や将来性を直接的に反映しない可能性があることを意味します。事業の実態と純資産評価との間にギャップが存在する場合、この手法だけでは不十分な場合があります。

②事業運営に不可欠な資産の欠如

中小企業の場合、収益を上げているにもかかわらず、その収益獲得に必要な資産が企業の貸借対照表に記載されていないことがしばしばあります。特に、事業用の土地や不動産が個人名義で所有されている場合、これらの資産が評価プロセスから漏れてしまうことにより、企業価値が適正に評価されない可能性があります。

③将来的な資産購入のリスク

資産が法人所有でない場合、将来的にこれらを購入する必要が生じる可能性があります。これは、M&Aにおける追加的なコストとなり得ます。特に、高値での資産購入リスクも考慮する必要があります。

④営業権の評価の主観性

営業権の評価は、ブランド価値や顧客基盤などの無形資産を含むため、非常に主観的であり、客観性が乏しいです。その価値を数値化することは複雑であり、評価者によって結果が大きく異なることがあります。

これらの理由から、「修正時価純資産＋営業権法」を用いる際には、これらの限界を理解し、他のバリュエーション手法と併用することや、専門家の意見を取り入れることが推奨されます。

第4節 対価の支払方法の決め方

M&A（合併および買収）における対価の支払方法の決定は、複数の要因に基づいて行われます。適切な支払方法を選択するためには、以下のような要素を検討する必要があります。

①買収対象企業の価値評価

まず、買収対象企業の真の価値を理解することが重要です。これには、財務諸表の分析、市場ポジショニング、将来の収益性予測な

どが含まれます。また、評価手法との関連性についても理解する必要があります。事業に不可欠な資産が法人所有や個人保有に分散されている場合には、株式や不動産を個別に評価する場合や、事業価値全体を算定後に個人保有不動産や株式に割り振る（Purchase Price Allocation）方法が考慮されます。さらに、個人保有不動産や株式の保有者が同族関係者で異なる場合、利害調整も必要となります。

②買収企業の財務状況

　買収を行う企業の現在の財務状況も考慮する必要があります。十分な現金があるか、追加の資金調達が必要かなど、資金調達のオプションを評価します。

③支払い方法の種類

現金支払い：最も直接的な方法で、価値の変動リスクがありません。

株式交換：買収対象企業の株主に買収企業の株式を提供します。株価の変動リスクがありますが、統合後の両社の利益を共有することになります。

退職金支払い：中小企業のM&Aにおいては、オーナー経営者が多いことから、株式と退職金に割り振る方法がよく利用されます。

④税務上の影響

　支払方法によっては、異なる税務上の影響が生じる可能性があります。税理士などと協力して、最も税効率の良い方法を選択します。

　これらの要素を総合的に考慮して、M&Aの目的、買収企業の戦

略、財務状況、税務上の影響、交渉のダイナミクスに基づいて最適な支払方法を決定します。

第5節 表明保証

▶表明保証

M&A（合併・買収）における「表明保証」は、取引が成立する前に売り手が買い手に対して行う一連の声明です。（買い手が売り手に対して行う場合もあります。）これらの声明では、売り手が自社の事業や資産に関する重要な情報を明らかにし、その情報が真実で正確であることを保証します。表明保証は、買い手が企業を買収する際のリスクを理解し、評価するために非常に重要です。

▶表明保証の主な目的

①情報の開示

表明保証を通じて、売り手は自社の財務状態、運営の状況、法的義務、負債、契約関係などに関する詳細な情報を買い手に提供します。

②リスクの分配

表明保証は、特定のリスクが誰に帰属するかを明確にします。通常、表明保証が真実でない場合、売り手はその不一致について責任を負うことになります。

③不正確な情報に対する補償

　表明保証が後に誤りであることが判明した場合、買い手は損害賠償を請求することができます。これにより、買い手は取引に際して保護されます。

④表明保証の一般的なカテゴリー

財務表明：会社の財務状態が最新の財務報告に正確に反映されていることを保証します。

運営表明：会社が適切な許可やライセンスを持って運営されていること、重大な訴訟や争訟がないことなどを確認します。

環境表明：環境法規制の遵守や汚染問題がないことを確認します。

知的財産表明：特許、商標、著作権など、知的財産が正しく会社に帰属していることを保証します。

⑤表明保証の限界とリスク

　表明保証は重要な保護手段ですが、それ自体がリスクを完全に除去するわけではありません。例えば、売り手が知らない問題や隠れたリスクについては、表明保証から逃れる可能性があります。また、買い手が表明保証に過度に依存すると、独自のデューデリジェンスを怠ることがあるかもしれません。

　表明保証はM&A取引における不可欠な要素であり、買い手にとって重要な情報と保護の源泉です。それによって取引の透明性が増し、両当事者間での信頼が築かれることが期待されます。

　事業承継やM&Aにおいて引継期間を設定する際に注意すべきことは以下のような点があります。

①引継期間の長さ

　引継期間は、買収される企業の規模、複雑さ、および特定のニーズに応じて適切に設定する必要があります。期間が短すぎると、スムーズな移行が困難になる可能性がありますが、長すぎると新しい戦略の実施が遅れるかもしれません。

②経営層と従業員のコミュニケーション

　明確かつ効果的なコミュニケーションは、不安や誤解を最小限に抑え、スムーズな移行を支援します。従業員が変化を理解し、受け入れることができるようにすることが重要です。

③文化的統合

　両社の企業文化の違いを理解し、適切に統合する必要があります。文化的な衝突は、移行プロセスを複雑にする可能性があります。

④ビジネスプロセスの統合

　オペレーション、システム、ポリシーなどのビジネスプロセスを統合する際には、混乱を避けるために段階的かつ計画的なアプローチが必要です。

⑤リスク管理

　引継期間中は、不確実性や変化によるリスクが高まります。リスク管理計画を策定し、予期しない問題に対処する準備をしておくことが重要です。

⑥従業員のトレーニングとサポート

　新しいシステム、プロセス、文化に対応するための従業員のトレーニングとサポートは、成功の鍵です。

⑦顧客との関係の維持

　顧客に対しても変化をスムーズに伝え、サービスの質の低下がないように注意が必要です。

⑧法的および規制上の要件

　引継ぎ期間中にも、すべての法的および規制上の要件が遵守されていることを確認します。

⑨成功指標の設定

　移行の成功を測定するための明確な指標を設定し、定期的に進捗を確認することが重要です。

　これらのポイントに注意を払うことで、事業承継やM＆Aの引継ぎ期間を効果的に管理し、スムーズな統合を実現することが可能になります。

▶ 事業承継が意味するところの理解

　親族内承継における合意形成において重要な点の一つは、「先代が自分の立場を維持するのではなく、自分の城を明け渡すことが事業承継である」という理解です。また、このような意思決定が先代にとって難しい決断であることを、後継者も理解しておく必要があります。

　そのために必要なポイントは以下の通りです。

①リーダーシップの移行

　先代がリーダーシップと経営権限を次代に移譲する意志が重要です。これには、意思決定の権限や重要なビジネスプロセスにおける役割を次代に渡すことが含まれます。

②後継者の自立

　後継者が自身の判断と能力で事業を運営できるように、先代はサポートする立場に徹する必要があります。これにより後継者は自信を持ってビジネスを引き継げるようになります。

③感情的な準備

　先代にとって、事業を手放すことは感情的に難しい決断であることが多いです。自身の役割とアイデンティティの変化に対して心理的に準備することが重要です。

④継続的な支援とメンタリング

先代が引退した後も、経験と知識を共有することで、後継者を支援することができます。しかし、この支援は指導的ではなく、相談を受けた時のみに提供することが望ましいです。

⑤組織文化の維持と発展

先代は、自分が築き上げた企業文化を維持し、同時に新しいリーダーが新しい方向性を導入することをサポートする必要があります。

⑥明確な後継計画の策定

承継プロセス、タイムライン、後継者の責任範囲を明確にし、全ての関係者に伝えることが重要です。

親族内承継においては、先代が「城を明け渡す」ことの意味を深く理解し、感情的、心理的な準備を行うことが、スムーズな承継と事業の持続的な成功に不可欠です。

▶事業に直接関わらない親族との利害調整

親族内承継における合意形成で特に注意すべき留意事項の一つとして、「事業に直接関わらない親族との利害調整」があります。この点を考慮する際には以下のアプローチが重要です。

①遺産計画との整合性

承継計画は、家族全体の遺産計画と整合性を持たせることが重要です。遺言や信託などの法的な手段を通じて、これを確保することが望ましいです。

②株式分散対策

遺産分割などによって、株式が分散していくと経営が安定しない
などの弊害があることなどを事業に直接関わらない親族などにも説
明しておく必要があります。

③経営状況の説明

事業に関わらない親族は、経営者が負っている責任やリスク負担
を経験したことがありません。このことは、遺産相続に関しても特
に不公平感を感じる原因にもなります。経営の現実やビジネスの課
題について十分な情報を提供し、彼らの理解を得ることが重要です。

第8節 デューデリジェンスやバリュエーションが親族内承継のハイリスク化を防ぐ

親族内承継も親族外承継（M&A）も、事業の所有権と経営権を
承継していくという意味では同じで、譲受者が親族か親族以外かと
いう分類でしかありません。しかしながら、事業承継の現場におい
ては、そのプロセスに大きな違いがあります。

一般的な企業への就職を考えた場合に、大学卒業前の学生でさえ
業界分析を行い、就職する会社のことを調べます。M&Aにおいて
は、具体的に資金投下するため、事業の買収や投資の際に、対象と
なる事業や会社の財務、営業、契約、法的な側面などを詳細に調査
します。つまりは、デューデリジェンスやバリュエーションのプロ
セスが必須のものとなっています。

しかしながら、親族内承継において詳細なデューデリジェンスや
バリュエーションを実施したという話はあまり聞きません。それど

ころか、決算書を見たこともなく、ざっくりとした年間売上ぐらいしか聞かされないまま強制的に連れ戻されるということさえあります。これでは、業績が良いのか悪いのか、成長性があるのかないのかも分からない株式に全財産を投資しているようなものです。

　既存の親族内承継のノウハウ本の中にも、リスク評価や価値算定という概念はあまりなく、株式移転の税金対策や相続税の話・争族の法的論点ばかりが記載されています。また、事業の所有権や経営権の移転の際のリスク評価や価値算定が如何に重要であるかを説いているものもありません。

　多くの親族内承継の後継者は、会社の実情を知らされないまま都内の大企業などから呼び戻されています。親の強い要望で家業に戻った都内の大企業の出身者が口々に言うのは、「あまりの事業の惨状にびっくりした」ということでしょう。そして戻った先で、傾き始めた事業の立て直しに明け暮れることになります。そして事業を立て直した先には、経営権を巡った先代との確執が待っている、というのが非常によくあるストーリーです。これは詳細なデューデリジェンスやバリュエーションを実施し、経営者交代の時期や条件まで詳細に決めるM&Aではあり得ないことです。

　そしてこのような状況は、親族内承継の現場においても適切な専門家の助言のもとでM&Aの世界で普及している概念を取り入れることにより取り除くことが可能なのです。

第9節 事業承継やM&Aは事業再生の要素を伴うことの理解

　事業承継やM&A（合併・買収）は、単に企業のオーナーシップが変わるだけでなく、多くの場合、事業再生の要素を伴う複雑なプロセスです。特に、家族経営の中小企業の事業承継においては、後継者が事業の実情を知らされずに、大企業などから呼び戻されるケースが多いようです。これにより、後継者は予期せぬ課題に直面し、事業再生の必要性に迫られることがあります。

　この文脈での「事業再生」とは、事業が直面している問題を解決し、持続可能な運営へと導くための一連の活動を指します。これには、古いビジネスモデルの見直し、新しい市場環境への適応、経営戦略の更新、技術の導入などが含まれることがあります。

　また、新規事業の立ち上げとは異なり、事業承継やM&Aでは、既存の組織文化、従業員の動機付け、顧客基盤の維持といった追加的な課題にも対処する必要があります。

　事業承継やM&Aの成功には、これらの要素を総合的に理解し、適切な準備と戦略的なアプローチが求められます。それには、徹底した事業評価、適切な後継者の選定と教育、そして変化に対する組織全体の適応力の強化が含まれます。

第 5 章

セルサイド（譲渡者または先代経営者）の準備

　事業の持続性を維持するためには、「価値のある事業」であること
が非常に重要です。事業が永続するということは、それが誰かにとっ
て価値があるということを意味します。価値ある事業は、親族内承
継であれ親族外承継であれ、後継者を引きつける力があります。

　事業の価値を高めるためには、いくつかの重要な指標があります。
その中で**特に重要なのが、EV（企業価値）とEBITDA（正常収益力）
です**。EVは企業の市場価値と負債の総額を加えたもので、企業が
どれだけ価値があるかを示します。一方、EBITDAは利益を計算
する際に利子、税金、減価償却費、償却費を考慮しないことで、企
業の基本的な収益力を評価する指標です（P.143参照）。

　これらの指標を向上させることは、事業の持続可能性を確保し、
価値ある事業を継続するための重要なステップです。

▶ EBITDA (Earnings Before Interest, Taxes, Depreciation, and Amortization) の向上

　EBITDA（簡便的に営業利益＋減価償却費として把握される）の
改善は、親族内承継でも親族外承継でも非常に重要です。EBITDA
は企業の収益性を評価する一つの指標であり、高いEBITDAは企
業価値を高める要素となります。以下はEBITDAを改善するため
の一般的なアプローチです。

売上の増加：新規顧客の獲得や既存顧客からのリピート購入を促進。
コスト削減：生産コストや運営費用の削減に努める。

効率改善：業務プロセスを見直し、生産性を向上させる。

価格戦略：製品やサービスの価格設定を適切に行い、収益性を高める。

　これらの措置は、企業が健全で持続可能な成長を遂げるため、また承継がスムーズに行えるようにするために重要です。親族内でも親族外でも、高いEBITDAは承継先や潜在的な買い手にとって魅力的なポイントとなるでしょう。

▶EV/EBITDA倍率の向上

　事業価値（EV）を高めるためには、EBITDAの改善と同時にEV/EBITDA倍率を向上させていく必要があります。EV/EBITDA倍率が高いということは、第三者が事業価値を相対的に高く評価することを意味しています。EV/EBITDA倍率の向上は以下のような方法で促進されることが一般的です。

EBITDAの改善：前述したように、売上増加、コスト削減、効率改善などでEBITDAを高めます。

リスク低減：業績の安定性や市場での競争力を高めることで、投資リスクを低減します。

成長機会の明示：未来の成長機会を明確にし、それを具体的な計画や戦略で示します。

キャッシュフローの安定：安定したキャッシュフローがあれば、それが企業価値を高める要因となります。

企業文化・ブランド価値：強い企業文化やブランド価値も企業価値を高める一因とされます。

EV/EBITDA倍率を高めるためには、これらの要素を戦略的に強化し、企業の収益力と市場における魅力を高める必要があります。

第2節 成長戦略と経営課題の把握（事業承継は引退勧告ではなく「成長戦略」である）

事業承継を引退勧告としてではなく「成長戦略」として捉えることは、企業の長期的な成功に非常に重要です。この視点は、事業承継を単なる経営者の交代ではなく、企業の新たな段階への進展として位置づけるものです。事業承継において経営課題の把握や成長戦略の策定・実行は新しい経営陣が行うものと思われがちですが、適切な承継先を選定するうえでも現経営者側での成長戦略と経営課題の把握は不可欠のものです。また、現経営者と後継者には情報の非対称性があります。したがって、より多くの情報を有しているセルサイドが経営情報を提示することは、事業承継やM&Aのプロセスにおいて非常に有用です。

事業承継は、企業の歴史の中で非常に重要な節目であり、単にリーダーシップの交代ではなく、企業の新たな段階への移行として位置づけられるべきです。このプロセスでは、現経営者と新しい経営陣の間での知識と経験の移行が不可欠です。この連続性を確保することで、企業は過去の成功を基に、新たな成長と革新を遂げることができます。この連続性を確保するためのプロセスが、承継意思決定のフレームワークの章で記載したケイパビリティ適合性分析です。セルサイド（譲渡者または先代経営者）が行うべき成長戦略と経営課題の把握は、その準備段階のものであるといえます。

事業承継において現経営者側が行うべき成長戦略と経営課題の把握のプロセスは、戦略的かつ綿密に行われる必要があります。以下はその主要ステップです。

①現状分析と将来予測

・市場と競争環境の分析：現在の市場状況、競争状況、および業界のトレンドを分析。

・内部評価：財務状況、運営効率、従業員の能力、技術利用など、内部要因の包括的な評価。

・SWOT分析：強み、弱み、機会、脅威を特定し、戦略的な優先順位を設定。

②成長戦略の策定

・長期ビジョンの明確化：企業の将来像を定義し、達成すべき目標を設定。

・戦略的目標の設定：ビジョンを達成するための具体的かつ実行可能な戦略的目標を設定。

・アクションプランの策定：目標達成のための具体的な行動計画を立案。

③後継者の選定と育成

・適切な候補の選定：企業文化、ビジョン、戦略に適合する能力と資質を持つ後継者の選定。

・教育と育成：後継者に対する経営知識、リーダーシップスキルの教育と実務経験の提供。

④経営課題の明確化と解決策の提案

・課題の特定：現在および将来における主要な経営課題の特定。

・解決策の提案：課題に対処するための解決策や改善策の提案。

⑤ステークホルダーとのコミュニケーション

・計画の共有：事業承継計画を従業員、株主、その他のステークホルダーと共有し、支持と理解を得るためのコミュニケーション戦略の実施。

・透明性の確保：プロセスの透明性を保ち、ステークホルダーからのフィードバックを積極的に求める。

⑥リスクマネジメントの強化

・リスク評価：事業承継に伴う潜在的なリスクの評価と分析。

・対策計画の策定：リスクを軽減するための戦略的な対策計画の策定。

⑦パフォーマンスモニタリングと調整

・進捗の監視：成長戦略と経営課題に対する対応策の進捗を定期的にモニタリング。

・柔軟な戦略調整：必要に応じて戦略を調整し、変化する市場環境や企業のニーズに合わせる。

⑧知識の伝承とサポート

・知識と経験の共有：現経営者の知識、経験、インサイトを後継者に伝承。

・継続的なサポート：事業承継後も、アドバイスやサポートを提供

することでスムーズな移行を支援。

このプロセスを通じて、現経営者は後継者が企業の将来の成長と発展を牽引するための強固な基盤を築くことができます。事業承継は単なる交代以上のものであり、企業の新たな時代への橋渡しとなる戦略的なプロセスとして位置づけられる必要があります。

第3節　セルサイド・デューデリジェンスの重要性

事業承継やM&Aの準備では、現経営者がセルサイド・デューデリジェンス（Sell-Side Due Diligence、売り手側の財務・法務などの詳細調査）を実施することが非常に重要です。セルサイド・デューデリジェンスを行う主な理由は以下の通りです。

①企業価値の正確な把握と最大化

セルサイド・デューデリジェンスを通じて、企業の財務状況、事業の実態、法的リスクなどを正確に評価できます。これにより、適切な企業価値の設定が可能となり、企業価値の最大化のための指針を得ることができます。

②経営課題や成長戦略の第三者的評価

セルサイド・デューデリジェンスは、経営上の課題や将来の成長戦略を第三者の視点で評価する機会を提供します。これにより、経営者は自社の強みと弱みを客観的に理解し、適切な改善策を講じることが可能になります。

③交渉力の強化

　事業や財務に関する詳細な情報を有していることで、買い手側との交渉において優位に立つことができます。情報の透明性が高いほど、情報の非対称性が解消することで信頼性が増し、不確実性ディスカウントを回避してより良い条件での交渉が期待できます。

④取引のスムーズ化

　セルサイド・デューデリジェンスを事前に実施しておくことで、買い手側のデューデリジェンスのプロセスがスムーズになり、取引の時間短縮やコスト削減につながります。

⑤リスクの事前特定と解決

　事前にリスクを特定し、解決策を講じることで、買い手からの不測の問題提起や価格交渉を回避できます。また、PMI（Post Merger Integration：第10章参照）の論点先取りにも役立ちます。

⑥信頼の構築

　透明かつ包括的な情報提供は、買い手に対する信頼感を高めることに寄与します。これは取引成功の鍵となる要素です。

　経営者としては、専門家と協力し、適切なセルサイド・デューデリジェンスを計画し実施することが、成功に向けた重要なステップとなります。

第4節 成長戦略と連動した引継候補先（または後継者）の条件明確化

　事業承継やM&Aの準備として、現経営者が実施すべき成長戦略と連動した引継候補先（または後継者）の条件明確化は、事業の持続的な成長と安定を確保するために非常に重要です。以下のステップで進めることをお勧めします。

①現在の事業戦略のレビュー

　まず、現在の事業戦略と目標を詳細に分析します。これには、市場環境、競合状況、顧客ニーズ、製品またはサービスのポジショニングなどが含まれます。

②将来の成長戦略の策定

　長期的な視点で、事業の成長戦略を策定します。これには新市場への進出、新製品の開発、技術革新、財務戦略などが含まれる可能性があります。

③後継者に求められる資質と能力の特定

　成長戦略を達成するために必要な、後継者の資質や能力を明確にします。これには、リーダーシップ、業界知識、経営能力、革新的思考などが含まれます。

④候補先の選定基準の設定

　事業承継またはM&Aの目的を達成するための、引継候補先の選定基準を設定します。これには、財務健全性、事業の相乗効果、文

化的適合性などが考慮されます。

⑤候補の評価と選定

　上記の基準に基づいて、候補先または後継者を評価し選定します。これには、面接、実績の評価、専門家の意見などが用いられることがあります。

⑥移行計画の策定と実行

　選定された後継者または引継先とともに、詳細な移行計画を策定し実行します。これには、知識の移転、責任の段階的移行、ステークホルダーとのコミュニケーションなどが含まれます。

　経営者は、これらのステップを通じて、事業の将来的な成長と成功を確実にするための適切な後継者または引継先を見極めることができます。専門家との協力も重要です。

第5節　経営者交代の時期（退任の時期）を決める

　経営者が退任時期を決めることは、ビジネスの持続可能性、後継者の準備、そして企業文化の継続性にとって非常に重要です。中小企業の経営者には大企業の従業員等と異なり、定年がありません。しかしながら、人間の一生が有限である以上、経営者は自らの退任について考えておく必要があります。定年制がない以上、経営者はその退任の判断基準を明確に持っておく必要があります。

　経営者がその退任時期を判断するためには、経営者の職責を定義

づけることからスタートする必要があります。経営者を「事業の存続と発展に責任を持つ者」と定義づけた場合には、その職責を明確に認識し、その役割を果たせなくなる前に退任する、という判断です。人間には必ず老いというものが訪れます。したがって、経営者は自らが経営者としての職責を果たしているかを意識的に自問自答しておく必要があります。以下は、退任の判断基準を設定する際に役立つかもしれません。

①子どもの力を借りざるを得ないとき

　仕事などの経済活動において、親の力を借りないといけないとか、子の力を借りないといけないという状態は通常の社会人ではあまりありません。このような通常は起こり得ない状況に陥っているということは、現在担っている役割を担い続ける当事者能力が欠如し始めているということを意味しています。これは経営者としての寿命が「要介護状態」にあることを示しています。

②未来への投資

　経営者には、より良い未来への投資を行い、豊かな社会を創造していくという役割があります。経営者は事業の現状評価と将来の成長戦略を考慮し、自分がこれらの目標を達成するのに最適な人物かどうかを自問自答する必要があります。

③権限ではなく責任を担う存在であるか

　経営者が退任の時期を決める際に考慮すべき重要な要素として、「権限ではなく責任を担う存在であるか」という点があります。経営者は、自らのポジションを権力や地位の象徴として捉えるのでは

なく、事業の存続と発展に対する責任を優先する必要があります。

　経営者は自らの職責を「事業の存続と発展に責任を持つ者」と定義し、この基準に基づいて自分の能力、健康状態、後継者の準備状況、個人的な願望、および組織のニーズを考慮しながら退任時期を決定することが重要です。これにより、経営者は自身と企業の最善の利益を確保することができます。

第6節　経営者の引退は、人間の実存に関わる問題である

　経営者の引退は、事業承継の場面で議論されがちですが、その本質は人間の実存に関わる問題であると考えられます。

①アイデンティティと自己実現

　多くの経営者にとって、仕事は単なる職業以上の意味を持ちます。彼らのアイデンティティや自己実現はしばしばその経営業務に深く結びついています。引退は、このアイデンティティを再考し、新たな自己実現の方法を模索する機会を提供します。

②生活の目的と方向性の変化

　経営者は長年にわたり、会社の目標達成に自らの人生を捧げてきます。引退によって、彼らは自身の生活の目的や方向性を見つめ直す必要があります。これは、人間の実存における根本的な問い直しを意味します。

③遺産と後世への影響

　経営者は、自分の仕事を通じて何を残すか、またどのように後世に影響を与えるかを考えます。引退は、これらの遺産をどのように形成し、伝えるかを決定する時期です。

④人間関係の変化

　引退は、同僚や業界内の関係だけでなく、家族や友人との関係にも影響を及ぼします。これは、社会的な存在としての自分を再構築する必要があることを意味します。

　経営者の引退は、これらの深い心理的、社会的、そして実存的な側面を含んでいます。彼らにとって、これは単なる職業上の変化ではなく、人生の新たな段階への移行であり、深く個人的な意味合いを持つものです。

第 7 節　PMIの論点を先取りする

▶セルサイド・デューデリジェンス検出事項への対応

　事業の所有権や経営権の移転の際のリスク評価や価値算定は、長期にわたって同族経営を行ってきたことによるいわば歪みを是正する機能を有しています。M&Aの現場においては、同族経営の結果として生じた問題点等も洗い出されるため、一旦それをリセットする効果があります。しかしながら、親族内承継の現場においては、その問題点がそのまま引き継がれていく傾向にあります。したがって、一旦同族経営の歪みをリセットすることで、事業承継が円滑に

進むことになります。

　セルサイド・デューデリジェンスの重要性は、自宅に客人を招く場面をイメージすると分かりやすいでしょう。同族経営の状態は、言わば誰も訪ねてこない自宅のイメージです。客人を全く招き入れることがなければ、片付けも疎かになりがちです。一方で、M＆Aによる第三者承継は、初めて客人を招き入れるわけですから、ある程度整理整頓が必要になってきます。このための準備に役立つのがセルサイド・デューデリジェンスであると言えるでしょう。親族内承継でセルサイド・デューデリジェンスを挟まないことは、散らかり放題の部屋を放置することにつながり兼ねません。

　また、セルサイド・デューデリジェンスを実施することで、事業を譲り受ける後継者が事業を立て直すのに要する時間を先取りすることができます。一般的には、後継者が事業を譲り受ける際、セルサイド・デューデリジェンスによって得られた情報を基に、必要な対策や戦略を策定し、譲受後に実行していきますが、このプロセスを譲渡側が実施することで、事業の成果が出るまでの時間を短縮することが期待できます。

▶自走化

　事業承継やM＆Aの前提として「自走化」は重要です。自走化とは、現経営者に依存せず組織として付加価値を生み出す仕組み化のことを指しています。

①持続可能な成長

　組織が自走化されている場合、リーダーシップの変更や外部からの圧力にもかかわらず、組織は持続的な成長を遂げる能力を持ち続

ける可能性が高まります。

②リスク軽減

　一人のリーダーや少数の管理職に依存するビジネスモデルは、その人物が去ったり、能力が低下したりすると、大きなリスクを伴います。自走化により、そのリスクは大幅に軽減されます。

③組織の柔軟性

　M&Aの後、組織の統合や変革が必要な場面が多く出てきます。自走化された組織は、変化に対応する柔軟性を持っているため、これらの課題への対応がスムーズになる可能性があります。

④評価の簡易化

　買収先の評価時に、組織が自走化されているかどうかを確認することで、その組織の真の価値やポテンシャルをより正確に評価することが可能となります。

⑤文化の継承と維持

　M&Aの後も、買収された企業の文化や価値観を維持することは重要です。自走化されている組織は、その文化や価値観を組織全体で共有している可能性が高いため、これらの要素を継承・維持するのが容易になります。

　以上の理由から、M&Aの前提として「自走化」は非常に重要な要素となります。自走化された組織は、M&Aの成功確率を高めるだけでなく、長期的なビジネスの成長と安定性にも寄与します。

▶取引先の離脱リスクの管理

　事業承継やM&Aは大きな変動を伴うものであり、予め取引先の離脱リスクを管理し、コントロールしていくことが必要となります。取引先離脱リスクの管理という観点で、「取引先にとって自社が不可欠な存在にしていくこと」というアプローチは実際に非常に有効です。そのため、その目的を達成するためのアクションや方針を以下に示します。

価値の提供：取引先のニーズや課題を理解し、それに対する独自のソリューションや価値を提供します。

強固な関係構築：取引先との関係を深化させ、信頼関係を築きます。定期的なミーティングやフィードバックの収集など、コミュニケーションの強化が重要です。

継続的な品質向上：製品やサービスの品質を常に維持・向上させることで、取引先が他の業者に移行することのハードルを上げます。

柔軟性の確保：取引先の変化するニーズに迅速に対応する柔軟性を持つことで、取引先の信頼を得ることができます。

独自性の強化：業界内での独自のポジションや差別化要因を強化し、競合との差を明確にします。

教育やサポートの提供：取引先の業務効率や成果を向上させるための教育やサポートを提供することで、パートナーシップの深化を図ります。

長期的な視点：短期的な利益追求ではなく、取引先との長期的な関係を重視し、その発展のための戦略や投資を行います。

　取引先との関係性を深化させ、自社を不可欠な存在とすることは、

取引先離脱リスクの低減だけでなく、ビジネスの成長や安定性の向上にも寄与します。

▶土地・資本等の移転計画

土地や資本の移転計画は、親族内承継と親族外承継の両方で重要な要素です。この計画をしっかりと立てることで、承継プロセスがスムーズに行われ、また税務上や財務上のリスクを最小化することが可能です。以下は、土地・資本の移転計画において考慮すべきポイントです。

資産評価：土地、建物、その他の資産の市場価値を正確に評価します。

負債の整理：移転する資産にかかる負債や担保関係を明確にします。

税務対策：資産移転に伴う税金の影響を予め計算し、最適な移転方法を選択します。

承継タイミング：いつ、どのように資産を移転するかのスケジュールを立てます。

法的手続き：契約書の作成、公正証書等の法的手続きを確認します。

ファイナンシング：資産移転に必要な資金をどう調達するかを計画します。

内部合意：家族や経営陣との合意を得ることで、承継がスムーズに進行します。

第三者評価：第三者による資産や計画の評価を行い、客観的なフィードバックを得ます。

これらの準備は、企業価値の維持と承継後のスムーズな運営を確保するために不可欠です。親族内、親族外に関わらず、これらの計

画をしっかりと行うことで、多くのリスクを回避することが可能です。

第6章

バイサイド（譲受者または後継者）の準備

自社の経営戦略におけるM&Aの位置づけを明確化する

　M&Aは「時間を買う」戦略であり、すでに出来上がっている事業を買収することにより、新規に事業を起こすより、早いスピードで事業拡大を行うことができます。しかしながら、M&Aにはリスクも伴います。自社の経営戦略におけるM&Aの位置づけを明確化し、M&Aが自社の経営戦略においてどのような役割を果たすべきか、そしてどのように実行すべきかを予め明確にしておく必要があります。

①戦略的目的の特定

　M&Aが自社のどのような戦略的目的を果たすのかを明確にします。これには、市場拡大、製品ラインの多様化、技術獲得、競合の削減などが含まれます。

②適合性と調和の評価

　M&A対象企業が自社の文化、価値観、ビジョンとどの程度合致しているかを評価します。組織文化の相違は統合の障害となるため、この点は特に重要です。

③財務的健全性の分析

　M&Aは大きな財務的投資を伴います。投資のリターン、リスク、財務状況の分析を行い、長期的な財務的健全性を確保する必要があります。

④リスク評価と管理

M&Aに伴うリスク（統合の困難さ、法的問題、文化的衝突など）を特定し、これらをどのように管理し軽減するかの計画を立てます。

⑤実行プランの策定

買収プロセスの段階ごと（デューデリジェンス、価格交渉、契約、統合など）に明確なプランを策定します。

⑥統合プロセスの計画

買収後の統合はM&Aの成功を左右します。組織、システム、プロセスの統合方法を計画し、従業員のコミュニケーションとエンゲージメントを確保します。

⑦パフォーマンス評価

M&Aの成果を定期的に評価し、必要に応じて戦略を調整します。

これらのステップを通じて、M&Aが自社の経営戦略においてどのような役割を果たし、どのように実行すべきかを明確にすることができます。M&Aは大きな機会をもたらす一方で、その成功は慎重な計画と実行にかかっています。

第2節　親族内承継では「家業を継ぐ」のではなく「経営者という生き方を選択する」ことが重要

親族内承継の文脈で「家業を継ぐ」のではなく、「経営者という生き方を選択する」という考え方は非常に重要です。このアプローチ

は、以下のいくつかの点で、単に家族の事業を引き継ぐという考え方とは異なります。

①個人のキャリアと自己実現

　後継者は自分自身のキャリアと人生の目標を優先し、経営者としての役割が自身の目指す方向と合致するかを考慮します。これは、家族の期待や伝統を超えた、自己実現とキャリアの観点からの決断を意味します。

②事業への情熱とビジョン

　経営者として成功するためには、事業への深い情熱と明確なビジョンが必要です。単に家業を継ぐだけではなく、自分自身で事業を形成し、成長させることに対する強い意欲が求められます。

③経営スキルと能力

　経営者としての生き方を選ぶことは、必要な経営スキルと能力を身につけ、継続的に向上させることを意味します。これは、家族の事業をただ継ぐだけではなく、経営に関する教育と経験を積むことを含みます。

④戦略的な意思決定

　家業を継ぐというよりも、経営者としての視点から、事業の戦略的な方向性を考え、意思決定を行うことが求められます。これには、市場の変化への適応、革新、そして事業成長のための計画が含まれます。

⑤責任とリーダーシップ

　「経営者としての生き方を選ぶ」ことは、組織と従業員に対する深い責任感を持つことを意味します。強いリーダーシップと倫理的な判断が必要とされます。

　このような視点は、親族内承継をただの義務や伝統としてではなく、個人のキャリアと成長の機会として捉えることを促します。後継者は自身の能力、目標、価値観を基にして、経営者としての道を選ぶかどうかを決定することが重要です。

第3節　都心の大企業に勤める人が、地方の実家の家業に戻ろうと思ったらすべきこと

　都心の大企業に勤める人が、地方の実家の家業に戻ろうと考えた場合にすべきことは、非常に慎重なアプローチを要します。これには以下のようなステップが適切です。

①承継意思決定の確認

自己分析：なぜ家業を継ぎたいのか、その動機を深く掘り下げます。キャリアの観点、家族への責任、個人的な興味など、さまざまな要因を考慮します。

家族との対話：家族とのオープンな議論を通じて、期待と願望を明確にし、家族内での意思の一致を図ります。また、現経営者は承継するつもりなのか（自分の城を明け渡すつもりなのか）、維持が目的（右腕の獲得が目的）なのかを把握します。経営者交代を予定しているのであれば、その時期について、明確な合意を交わしておく

ことが必要です。

②経験の棚卸

スキルと知識：都心の大企業で得た経験、スキル、専門知識が家業にどのように役立つかを分析します。

ギャップの特定：家業運営に必要なスキルや知識で、現在持っていないものは何かを特定します。

③承継対象の情報収集

事業の現状分析：家業の財務状況、市場位置、競争状況、強みと弱みを把握します。

潜在的な問題の特定：法的、環境的、経営上の問題点を洗い出します。

④活動エリアの経済指標の確認

市場分析：地方の市場の特性、成長潜在性、顧客ニーズを理解します。

地域経済の動向：地域経済のトレンド、産業の動向、雇用状況などを分析します。

⑤家業に戻る以外のあらゆる選択肢の列挙

代替案の検討：家業を継がない場合のキャリアパス、起業、他業種への転職などを考慮します。

比較分析：家業を継ぐことと他の選択肢とを比較して、長期的なキャリアの見通しを評価します。

⑥DCF法による「七光り分析」

「第3章　承継意思決定のフレームワーク」第3節に記載の「七光

り分析」を用いて、承継意思決定の合理性の確認をおこないます。

　これらのステップを通じて、家業への復帰が自身にとって最適な選択かどうかを総合的に判断できます。重要なのは、単に感情や伝統に基づいて決断するのではなく、客観的かつ総合的な視点から決定を下すことです。

第4節 対象企業の成長戦略を確認する

　M&Aや事業承継の候補となる事業の将来の成長戦略を確認する際には、以下のステップを踏むことが重要です。

①市場分析と業界動向の把握

　現在の市場状況、成長可能性、主要な競争者、業界のトレンドを分析します。

　業界の新技術、消費者の行動変化、規制の動向などを理解します。

②事業の現状分析

　事業の現在の財務状況、製品・サービスのポートフォリオ、市場シェア、顧客基盤などを詳細に分析します。

　内部の強みと弱み（SWOT分析）を特定します。

③成長潜在性の評価

　事業が成長するための潜在的な市場機会や未開拓の領域を特定します。

新製品開発、市場拡大、顧客セグメントの多様化などの可能性を探ります。

④競争優位の構築

競争上の優位性を持つために必要な要素（ユニークな技術、ブランドの価値、コストリーダーシップなど）を評価します。

競合他社との差別化戦略を検討します。

⑤財務計画と予測

成長戦略を支えるための財務計画を立て、収益性、キャッシュフロー、投資収益率などを予測します。

成長に必要な資本とその調達方法を検討します。

⑥リスク管理と緩和策

成長戦略に伴うリスク（市場リスク、技術的リスク、実行リスクなど）を評価し、これらを緩和するための計画を立てます。

⑦実行可能性とタイムライン

成長戦略の実行可能性を検証し、具体的なステップとタイムラインを設定します。

⑧現経営陣との対話

事業の経営陣や株主等との対話を通じて、成長戦略に対するサポートとコミットメントを確保します。

これらのステップを通じて、M&Aや事業承継の候補となる事業

の将来の成長戦略を包括的に評価し、その実行可能性を判断することができます。重要なのは、ただ表面的なデータに基づくのではなく、事業の深い理解と市場動向の洞察に基づいて詳細な分析を行うことです。

第5節　自社または自己のケイパビリティを把握する

　バイサイド (買い手側) でのケイパビリティ (能力・スキル) 分析は、親族内承継と親族外承継の両方において非常に重要です。これによって、買収・承継が自社や自己の目的、能力に適合するかを評価できます。以下は主なポイントです。

財務能力：買収や承継に必要な資金を用意できるか。

経営スキル：経営や業界知識が十分か、特定の専門スキルが必要な場合、それが備わっているか。

経営資源：人材、設備、ノウハウなど、新たなビジネスを運営するための資源が揃っているか。

シナジー効果：買収・承継によって生まれる可能性があるシナジー (相乗効果) を評価。

戦略的適合性：買収・承継先が自社の長期戦略やビジョンと合致するか。

リスク分析：買収・承継に際してのリスク (法的、財務、オペレーショナルなど) を評価し、対処できるか。

タイミング：市場環境、自社の状況、買収・承継先の状況を考慮して、承継のタイミングを評価。

これらの分析を通じて、バイサイド側は買収・承継が成功する確率を高め、不必要なリスクを避けることができます。親族内承継の場合でも、新たな経営者がどれだけそのビジネスを継続・成長させられるかを評価する重要なステップとなります。親族外承継では、これがさらに重要になる場合が多いです。

第 6 節　承継期間の設定

　事業承継やM&Aにおける引継ぎ期間の特定と計画は、その成功のために非常に重要です。以下の点を考慮することが重要です。

①計画の策定

　引継ぎプロセスには多くの段階があり、それぞれの期間を明確にすることが必要です。目標、マイルストーン、期限を設定し、全体のタイムラインを作成します。

②デューデリジェンス

　事業の全面的な評価は、隠れたリスクを明らかにし、事業価値を正確に理解するのに役立ちます。これは時間がかかるプロセスであり、適切な期間を見積もることが重要です。

③キーパーソンの同定

　効果的な引継ぎのためには、重要な役割を果たす人材を特定し、彼らの参加と協力を確保する必要があります。これには、彼らのス

ケジュールや利用可能性を考慮することが含まれます。

④移行プランの明確化

システム、プロセス、組織文化の移行には、詳細な計画とそれを実行するための明確な期間が必要です。これには、従業員のトレーニングや新しいシステムへの移行などが含まれます。

これらのステップを慎重に計画し、実行することで、事業承継やM&Aをスムーズかつ効果的に進めることができるでしょう。

第7節　承継期間中の新規事業の準備

事業承継やM&Aの際、新しい経営陣は先代や旧経営陣から業務を引き継ぎつつ、新規事業の立ち上げを行うことがあります。この期間、先代や旧経営陣が基本的な経営機能を担いつつ、後継者が現在の事業状況を客観的に評価し、将来の成長機会を見出すことが可能です。

承継期間中に新規事業を準備する際には、既存の経営体制との調和と新たな成長機会の捉え方が鍵となります。以下のステップが考慮されます。

①現状分析

先代や旧経営陣の経営下での事業の現状を詳細に分析します。これには財務状況、市場の位置づけ、競合状況、顧客基盤、社内の強

みと弱みなどが含まれます。

②新規事業の機会識別

事業の現状分析に基づいて、将来の成長機会を特定します。市場のトレンド、未開拓セグメント、新技術、新商品・サービスの可能性などが考慮されます。

③戦略計画の立案

新規事業に対する戦略計画を立案します。これには事業モデル、目標市場、販売戦略、資金調達、リスク管理計画が含まれます。

④リソースの割り当てと管理

新規事業に必要なリソース（人材、資本、時間など）を割り当て、効率的に管理します。既存事業への影響を最小限に抑えつつ、新事業の成功に向けた投資を行います。

⑤ステークホルダーとのコミュニケーション

新規事業計画を全ステークホルダー（従業員、投資家、取引先など）に伝え、理解と支持を得ることが重要です。

⑥段階的な実施

新規事業を段階的に実施し、市場の反応を見ながら適宜調整します。初期段階では小規模なテストやパイロットプロジェクトを行うことが有効です。

承継期間中の新規事業準備は、慎重かつ戦略的に進めることが成

功の鍵です。先代や旧経営陣の運営手法を学びつつ、新たな視点で
事業成長の道筋を探る必要があります。

 事業承継やM&Aの実態は事業再生である場合が多いことを理解する

　事業承継やM&Aを検討する際、その背後には実際には事業再生
の必要性があることを理解することは非常に重要です。以下の点を
考慮すると良いでしょう。

①現状の評価

　事業承継やM&Aの背景には、しばしば財務的な問題、市場シェ
アの低下、運営上の課題などが存在します。これらの要因を正確に
評価し、事業再生が必要かどうかを判断する必要があります。

②再生戦略の策定

　事業再生が必要であると判断された場合、事業モデルの見直し、
財務構造の改善、運営効率化などの再生戦略を策定することが求め
られます。

③関係者とのコミュニケーション

　事業再生のプロセスは、従業員、取引先、投資家などのステーク
ホルダーに大きな影響を与える可能性があります。透明性のあるコ
ミュニケーションを通じて、関係者の理解と協力を得ることが重要
です。

④適応と柔軟性

事業再生は困難で不確実性が高いプロセスです。市場環境の変化に適応し、必要に応じて計画を柔軟に修正する能力が求められます。

第4章で述べたように、事業承継やM&Aは、単に経営権の移転だけでなく、事業そのものの再生という側面を持つことが多いです。そのため、これらのプロセスを通じて、事業の持続可能性を確保し、新たな成長機会を見出すことが不可欠です。

第9節 事業承継やM&Aにおけるファイナンスの準備

事業承継やM&Aにおいては、ファイナンス関連の準備が重要となります。

①資金調達

M&AやMBO（マネジメント・バイアウト）の際には、株式を買収するために大規模な資金が必要となります。これには銀行融資、投資家からの資金調達、自己資本の活用などが含まれます。

②税金の準備

親族内承継の場合、株式移転に伴い相続税や贈与税などのコストが発生します。これらの税金を効率的に計算し、準備することが重要です。税理士との相談が推奨されます。

③他の相続人への配慮

相続財産の大部分が事業の株式である場合、他の相続人への代償として現金や他の資産を準備する必要が生じる場合があります。

④資金計画の策定

長期的な資金計画を策定し、資金調達のための戦略を立てることが重要です。これには資金の用途、返済計画、キャッシュフローの予測などが含まれます。

⑤リスク管理

融資や他の資金調達方法にはリスクが伴います。利息負担、返済スケジュール、市場の変動などのリスクを評価し、適切に管理する必要があります。

事業承継やM&Aの過程では、資金調達とその管理が成功の鍵を握ります。特に税金の準備や他の相続人への配慮は、スムーズな承継プロセスを確実にするために重要です。

第**7**章

FAまたは仲介の
役割

第1節 M&AにおけるFA（Financial Advisor）や仲介の必要性

M&AにおけるFA（Financial Advisor）や仲介者の必要性には、以下の要素が関わっています。

①探索機能の限界

M&Aにおける適切な対象企業の探索は専門的な知識とネットワークを要するため、多くの企業にとっては困難です。FAや仲介者は、潜在的な買収対象や合併相手を見つけるための橋渡し役として、必要なインフラを提供します。

②リスク評価と価値算定

デューデリジェンスによるリスク評価と価値算定（VAL）は、情報の非対称性を解消し、両当事者間の公平な交渉を可能にします。FAはこれらのプロセスにおいて重要な役割を果たし、適切な評価を行います。

③合意形成プロセスの理解と誘導

FAや仲介者は、M&Aの合意形成プロセスの複雑さを理解し、関係する各方の間での調整を行います。これにより、最適な意思決定を支援し、合意に至る過程をスムーズに進めることができます。

M&Aのプロセスは複雑で専門的な知識が求められるため、FAや仲介者の役割は非常に重要です。彼らはリスクの軽減、価値の正確な評価、効率的な合意形成のための鍵となる存在です。

M&AにおけるFAや仲介者の実務プロセス

第 2 節

M&AにおけるFAや仲介者の実務プロセスは、以下のステップで構成されます。

①案件発掘

後継者難など、売却を検討している経営者との接触を図ります。金融機関、士業事務所、他の仲介会社、マッチングプラットフォームなど必要に応じてネットワーク構築を行います。また、成長戦略としてM&Aを検討している企業向けのセミナーなどで、買収者も発掘していきます。

②案件受託及び対象企業の実態把握

M&A案件を受託し、対象企業の業務、財務状況、市場環境などを詳細に把握します。

③セルサイド・デューデリジェンス＆バリュエーション

売却側の立場からデューデリジェンスを行い、対象企業の価値を評価します。

④初期的開示資料の作成

情報メモ（IM：Information Memorandum）やティーザー文書など、初期段階の開示資料を作成します。これにより潜在的な買収候補に情報を提供します。

⑤譲渡候補の探索

買収または合併の候補企業を探索し、対象企業に適した相手を見つけます。

⑥秘密保持契約（NDA）の締結

対象企業に関する機密情報の保護のため、関係各方と秘密保持契約を締結します。

⑦独占交渉先の選定

最も適した買収候補と独占的な交渉を行うための選定を行います。

⑧基本合意書（LOI）の締結

取引の基本条件に関する合意書を締結します。

⑨バイサイドデューデリジェンス

買収側の立場からデューデリジェンスを行い、対象企業の詳細な情報を分析します。

⑩最終合意

全ての条件に合意した後、最終的な買収契約を締結します。

これらのステップは、M&A取引を円滑かつ効果的に進めるためにFAや仲介者によって慎重に実行されます。各ステップには高度な専門知識と経験が必要であり、これらの専門家の役割は非常に重要です。

第3節　M&Aにおける仲介者やFAに必須の知見

　M&Aにおける仲介者やFAにとって必須の知見には、以下のような要素が含まれます。

①事業承継における長期的関与経験

　事業承継の複雑さを理解し、長期的な視点での関与経験は、成功への道を開くために不可欠です。異なる事業承継シナリオに対応するための経験と知識が求められます。

②リスク評価と価値算定

　企業のリスク要因を正確に評価し、企業価値を算定する能力は、M&A取引において重要です。これには財務的な分析だけでなく、市場環境や業界動向の理解も含まれます。

③財務、労務、法務、ビジネスプロセス、不動産等の調査能力

　これらの領域における詳細な調査能力は、デューデリジェンスのプロセスで重要です。これにより、取引のリスクを軽減し、より精確な価値判断を行うことができます。

④合意形成プロセスの理解と誘導手法

　各ステークホルダー間での合意形成は、M&Aの成功において重要な要素です。交渉技術、調整能力、コミュニケーションスキルが重要となります。

⑤戦略適合性の評価

売却者と買収者がどのような誘因でM&Aを実行し、合意に至るのか、M&Aの戦略目的に関する全般的理解がFAや仲介に必須の知識です。この知識は適切なマッチングを行ううえで不可欠です。

M&A取引における仲介者やFAは、これらの広範囲にわたる専門知識を有し、複雑な取引を円滑に進行させるために、これらの知見を活用します。

親族内承継においては、M&A領域のFAや仲介の知識は不要か?

親族内承継の場合でも、M&A領域のFAや仲介者の知識は有用です。これは、以下の理由によります。

①価値算定

親族内承継においても、事業の適切な価値算定は重要です。FAは企業価値を正確に評価するための専門知識を持っています。

②税務計画

承継に関連する税務問題(相続税、贈与税など)は複雑で、適切な計画が必要です。FAは税務効率化の戦略を提供できます。

③リスク管理

親族内承継では、事業リスクの評価と管理が必要です。FAはこれらのリスクを特定し、対処策を提案できます。

④合意形成

親族間の交渉では感情的な要素が絡むことがあります。FAや仲介者は、客観的な立場から合意形成をサポートできます。

⑤長期的なビジョンと計画

FAは、事業の長期的な発展に向けて、戦略的な視点からアドバイスを提供することができます。

親族内承継はM&Aと異なる側面がありますが、FAや仲介者が有するような専門的な知識と経験は、このプロセスをスムーズかつ効率的に進めるために重要な役割を果たすことができます。

第5節　候補企業の選定プロセス

M&Aにおける適切な対象企業の探索は専門的な知識とネットワークを要するため、多くの企業にとっては困難です。FA（フィナンシャルアドバイザー）や仲介者は、潜在的な買収対象や合併相手を見つけるための橋渡し役として必要なインフラを提供します。このため、FAや仲介者の重要な役割の一つが候補企業の選定です。

▶ロングリストの作成と分類

ロングリストとは、買収候補企業や合併対象企業の初期候補リストを指します。このリストは、広範な候補企業を含み、M&Aプロセスの初期段階で使用されます。ロングリストの作成段階においては、候補企業を網羅的にリスト化することが重要です。このため、

以下のようにM&Aの目的に応じて候補企業を分類することが有用です。

M&Aの類型ごとの分類基準

M&Aの類型	分類基準	詳細
スケールメリット追求型	業界内の市場シェア	業界内でのシェアを拡大するため、同じ市場に存在する企業を選定。
	コスト構造	スケールメリットを得るためにコスト構造が類似している企業を選定。
水平統合型	製品やサービスの類似性	同じ製品やサービスを提供している企業を選定。
	市場重複	顧客基盤や市場が重複している企業を選定。
垂直統合型	サプライチェーンの位置	サプライチェーンの上流（供給業者）または下流（流通業者）に位置する企業を選定。
	依存関係	現在の供給チェーンにおける依存関係が強い企業を選定。
戦略適合型	企業文化	企業文化や経営スタイルが似ている企業を選定。
	長期ビジョン	長期的な経営ビジョンや戦略が合致する企業を選定。
コングロマリット型	多角化の度合い	現在の事業ポートフォリオに関連しない多様な事業を持つ企業を選定。
	リスク分散	リスクを分散するために異なる業界に属する企業を選定。
製品・市場拡張型	新市場へのアクセス	新しい市場に進出するための足掛かりを探す企業を選定。
	新製品ライン	現在の製品ラインを補完する新しい製品を持つ企業を選定。
技術獲得型	技術力	特定の技術やノウハウを持つ企業を選定。
	研究開発能力	研究開発に強みを持つ企業を選定。

再編型	業界の変革	業界の再編を促進するために必要なリーダー企業を選定。
再編型	効率化の余地	業務プロセスやコスト構造の効率化が見込める企業を選定。
財務投資型	収益性	高い収益性を持つ企業やバイアウトファンド等を選定。
	財務安定性	強固な財務基盤を持つ企業を選定。
防衛型	競合の排除	競合他社の買収を防ぐために戦略的に重要な企業を選定。
	市場シェアの保持	既存の市場シェアを守るために必要な企業を選定。

　ロングリストの作成は、幅広い候補企業を戦略目的に応じて網羅的にリストアップすることで、最適な相手を見つけるための出発点となります。

▶詳細評価と絞り込み（ショートリストの作成）

　予めロングリストの段階で候補企業がM&Aの目的で分類されていると、詳細評価と絞り込み（ショートリストの作成）をより効果的に行うことができます。以下に、ショートリストの作成における主要な評価基準と絞り込みの方法を説明します。

1. 財務状況・業績

　財務状況や業績によって、候補企業を振るいにかけます。

2. 戦略的適合性の分析

企業文化、経営スタイル、長期ビジョンの適合性：企業文化、経営スタイル、長期ビジョンの適合性を評価します。

製品・サービスの補完性：候補企業の製品・サービスが自社のラインアップをどのように補完するかを分析します。

市場重複と拡大：両社の市場がどの程度重複しているか、または新市場への進出が可能かを評価します。

地理的な適合性：地理的な拡大やローカル市場への進出の機会を評価します。

3. シナジー効果の分析

P.53〜54に記載の「M&A類型ごとの主要KPI例」でさらに候補企業を絞っていきます。

ロングリストからショートリストへの絞り込みは、財務状況、業績、戦略的適合性、シナジー効果を詳細に分析することで行われます。これにより、最も適した候補企業を特定し、M&Aの成功確率を高めることができます。これらの評価基準を用いることで、戦略的かつ財務的に健全な意思決定が可能となります。

第8章

デューデリジェンス

　デューデリジェンス（due diligence）とは、主にM&A（合併・買収）、投資、ビジネスパートナーシップ、重要な契約を結ぶ前に、対象となる企業やプロジェクトの全体像を理解し評価するための包括的な調査・審査のことを指します。特にM&Aのコンテクストでは、財務デューデリジェンス、法務デューデリジェンス、労務デューデリジェンス、ビジネスデューデリジェンスなどがあり、それぞれ財務状況、法的問題、労務問題、市場環境と競合状況などを評価します。

　デューデリジェンスが必要な理由はいくつかあります。

①リスク評価

　デューデリジェンスを行うことで、投資やM&Aの対象が直面しているリスクや問題点を明らかにし、それらを適切に評価することが可能になります。この結果を元に、取引の価格や条項を適切に設定することができます。

②正確な価値評価

　デューデリジェンスは、投資対象やM&A対象の真の価値を理解するために必要です。企業の財務データ、業績、成長見込み、競争状況などを調査することで、より正確な価値評価を行うことが可能になります。

③コンプライアンス

デューデリジェンスは、企業が法律や規制を遵守しているかを確認するためにも必要です。これにより、法的な問題や制裁を避けることができます。

④PMI

M&Aの場合、デューデリジェンスを通じて買収先の組織文化や業務プロセスを理解することで、PMI（第10章参照）をスムーズに進めることが可能になります。

デューデリジェンスは時間と費用がかかる作業ですが、これによって企業は重大なリスクを未然に防ぐことができ、最適判断でビジネス取引を行うための重要なステップとなります。

第2節　デューデリジェンスの担当者としての資質

中小企業の事業承継やM&Aにおいて、デューデリジェンスの担当者として求められる資質やスキルは多岐にわたります。以下にその主なものを挙げます。

①財務分析の能力

財務諸表を分析し、財務状況を正確に理解する能力は不可欠です。これには、損益計算書、貸借対照表、キャッシュフロー計算書の分析が含まれます。

②法的知識

特に会社法、M&Aに関連する法規制に関する理解が求められます。企業の法的リスクや契約の落とし穴を見極めることが重要です。

③ビジネスの理解

対象企業の業界や市場に関する深い理解が必要です。競合分析や市場動向の評価も重要な要素です。

④コミュニケーション能力

情報収集や交渉の過程で、様々な関係者と効果的にコミュニケーションを取る能力が求められます。

⑤注意深さと分析力

細かいデータや情報から重要なポイントを見抜き、複雑な情報を整理・分析する能力が必要です。

⑥問題解決能力

発見された問題に対して、実用的かつ創造的な解決策を提案できることが重要です。

⑦倫理観と機密保持

デューデリジェンスの過程で取り扱う情報は極めて機密性が高いため、高い倫理観と機密保持の意識が必要です。

⑧プロジェクト管理能力

デューデリジェンスは多くのタスクと締め切りを伴うため、効果

的なプロジェクト管理能力が求められます。

　これらのスキルや資質は、経験や研修、専門的な教育を通じて習得・向上させることができます。また、チームで作業を行う場合は、これらのスキルを補完し合うことも重要です。

第3節　財務デューデリジェンスの役割

　財務デューデリジェンスは企業の合併や買収、投資の機会に際して、対象企業の財務状況と性能を詳細に調査・分析するプロセスです。これは、リスクの評価、価格の交渉、戦略的な意思決定の支援といった点で非常に重要です。

　以下に、財務デューデリジェンスの主な役割を詳述します。

①正確な価値評価

　対象企業の財務情報（貸借対照表、損益計算書、キャッシュフロー計算書など）を詳細に調査し、その正確な価値を評価します。これにより、適切な価格設定や取引条件を決定するための根拠が提供されます。

②リスク評価

　対象企業の財務状況や過去のパフォーマンスを分析することで、潜在的な財務リスクを評価します。これには、未払いの債務、税務リスク、不適切な会計処理といったリスクが含まれます。

③予測

対象企業の過去の財務パフォーマンスと現在の状況に基づき、将来の収益性やキャッシュフローを予測します。これは、投資家や買収者が長期的なROI（投資回収期間）を理解するために重要です。

④財務運営の理解

対象企業の財務報告の方法、財務管理の構造、会計方針などを理解することで、そのビジネスモデルや運営の効率性を評価します。

⑤課題と機会の特定

財務データを分析することで、事業運営上の課題や改善の機会を特定します。これは、将来の成長戦略の策定や統合後の経営改善に役立てられます。

財務デューデリジェンスは、これらの役割を通じて、投資家や買収者、事業の後継者などがリスクを最小限に抑えつつ、最大の価値を引き出すことを可能にします。

第4節 財務デューデリジェンスの主な論点

▶基礎的情報分析

基礎的情報分析は、企業の財務デューデリジェンスの初期段階で行われ、企業の全体像とその財務状態の初期理解を提供します。このプロセスでは、以下の主要な論点が考慮されます。

①企業概要

企業の事業モデル、製品またはサービスの概要、社歴、市場位置、主要な顧客と供給者、株主構成、および管理チーム・キーパーソンの情報など。

②財務状態

過去数年間の財務諸表（損益計算書、貸借対照表、キャッシュフロー計算書）をレビューし、企業の財務状態の初期の理解を形成します。

③業績動向

過去の収益、費用、利益等の動向を分析します。これにより、企業の収益性とその変動の理解が深まります。

④業界と市場

企業がオペレーションを展開している市場や業界の概要と動向。これには、市場の成長率、競争環境、規制環境等が含まれます。

⑤資本構造と資金調達

企業の資本構造（自己資本と借入金の比率）と資金調達（株式発行、借入、その他の財源）の概要。

⑥リスクと問題

企業が直面している主要なリスクや問題の初期の理解。これには、法的問題、規制問題、競争上の問題、財務リスク等が含まれる可能性があります。

これらの論点を通じて、基礎的情報分析は、企業の全体像とその財務状態の初期理解を提供します。これは、詳細な財務デューデリジェンスのための基盤となり、どのような領域に焦点を当てるべきか、またどのような追加情報が必要かを決定するのに役立ちます。

基礎的情報分析チェックリスト

1. 企業概要
   - □企業の事業モデルの説明
   - □提供している製品またはサービスの詳細
   - □企業の沿革
   - □事業拠点、設備・保有不動産の概要
   - □市場における位置づけ
   - □主要な顧客と供給者のリスト
   - □株主構成の概要
   - □経営陣およびキーパーソンの詳細情報
   - □組織構造
   - □人事制度、給与システム
   - □会計システム
   - □将来の事業計画、設備投資計画

2. 財務状態
   - □最近数年間の損益推移
   - □貸借対照表の詳細分析
   - □キャッシュフロー計算書のレビュー
   - □主要な財務比率の計算と分析

3. 業績動向

　□過去の収益とその成長傾向

　□費用の種類と動向

　□利益の変動とその要因の特定

4. 業界と市場

　□所属業界の市場規模と成長率

　□競争環境と主要競争者の分析

　□業界の規制環境とその変化

5. 資本構造と資金調達

　□資本構造の詳細（自己資本比率、借入金の比率など）

　□株式発行や借入による資金調達の履歴

　□その他の資金調達手段の利用状況

6. リスクと問題

　□法的問題の存在とその内容

　□規制上の問題や遵守状況

　□競争上の問題や市場での課題

　□財務リスク（信用リスク、市場リスクなど）

▶収益性の分析

　財務デューデリジェンスでは、収益性の分析が極めて重要な要素となります。これは、企業の持続的な成長と成功、そして投資家や買収者に対するリターンを生み出す能力を判断するための基礎的な指標です。

　収益性分析の中心的な論点は以下の通りです。

①収益のトレンド

過去数年間の売上高、利益、EBITDA等の動向を評価します。増加している、減少している、または一定しているトレンドがあるかを確認します。

②利益率

様々な種類の利益率（売上高利益率、営業利益率、純利益率など）を評価します。これは企業がどれだけ効率的に利益を生み出しているかを示します。

③製品またはサービスラインの収益性

異なる製品やサービスラインごとの収益性を分析します。これはどの製品やサービスが最も利益を生み出しているか、または潜在的な問題があるかを明らかにします。

④顧客別の収益性

特定の顧客が企業の利益にどの程度寄与しているかを分析します。顧客集中度のリスクを理解するために重要です。

⑤業界比較

同じ業界の他の企業と比較して、企業の収益性がどの程度であるかを評価します。

⑥予測の信頼性

企業の収益予測がどれだけ信頼性があり、過去の予測がどれだけ実現してきたかを評価します。

　これらの分析を通じて、企業の収益性を深く理解し、その持続性と将来の成長見込みを評価することが可能になります。これは、投資または買収の意思決定を行う際に、価値評価とリスク評価の重要な要素となります。

▶正常収益力（EBITDA）の算定

　正常収益力を算出する際に、よく使用される指標の一つがEBITDA（利払い前税引き前償却前利益）です。EBITDAは、企業の収益性を評価するための粗利益指標であり、償却と金利、税金を考慮しない企業活動による収益を示します。これは、異なる資本構造や税制を持つ企業間での比較を可能にします。

　正常化EBITDAを算出するには、以下のステップが一般的に行われます。

①報告EBITDAの算出

　これは通常、会計期間の純利益から利息、税金、償却を加えたものです。実務上は、営業利益に減価償却を加算することにより算定することもあります。

②一過性の項目除去（正常化調整）

　ここで重要なのは、EBITDAを「正常化」することです。これは、一過性、非反復的、または非運営関連の項目（同族関連支出を含む）を除去することによって行われます。これらの項目は、一時的な事象（例えば、法的な紛争、大規模な資産の売却、リストラ等）によって生じるもので、企業の持続可能な収益力を反映していません。

③プロフォーマ調整

　正常化EBITDAは、将来の変更や既存の問題を反映するために調整されることもあります。例えば、新しい税法の影響、予想される成長の影響、統合シナジー等を反映させるための調整が行われることがあります。この調整後のEBITDAを正常化EBITDAとの対比でプロフォーマEBITDAと表現します。プロフォーマ（Pro Forma）はラテン語で「形式的に」という意味があり、予測や仮定に基づく財務状態を示すのに使われることが一般的です。

　これらのステップを通じて、正常化EBITDAやプロフォーマEBITDAは、企業の真の収益性と持続可能な収益力をより正確に反映します。これは、投資家や買収者が企業の価値を正確に評価し、適切な価格を決定する上で重要な手段となります。

正常収益力算定の具体例

報告営業利益	××××××
＋減価償却	××××××
報告EBITDA	××××××
正常化調整項目	
＋同族関係交際費	××××××
＋単発のコンサルティング費用	××××××
－賞与引当金発生主義訂正	××××××
－退職給付費用発生主義訂正	××××××
正常化EBITDA	××××××

プロフォーマ調整

−上場企業子会社化による会計監査費用	× × × × ×
＋現経営陣役員報酬	× × × × ×
＋現経営陣役員報酬に係る社会保険料	× × × × ×
−新経営陣の役員報酬	× × × × ×
−新経営陣の役員報酬に係る社会保険料	× × × × ×
＋統合シナジーによる費用削減効果	× × × × ×
プロフォーマEBITDA	× × × × ×

▶ 実態純資産の把握

　実態純資産の把握は、財務デューデリジェンスの重要な部分であり、企業の真の価値を理解するために不可欠です。これは、企業の財務諸表上の純資産（資産総額から負債を差し引いたもの）が、企業の実際の経済的価値をどの程度反映しているかを評価するためのものです。

　以下は、実態純資産の把握における主な論点です。

①資産の評価

　企業の資産は通常、財務諸表上では会計基準に従って評価されます。しかし、これらの会計基準は、資産の真の経済的価値を常に反映しているわけではありません。例えば、不動産や設備はしばしば帳簿上の価値（原価から減価償却を差し引いたもの）で表示されますが、市場価値はこれとは異なる可能性があります。また、無形資産（特許や商標など）の価値も、財務諸表上では必ずしも反映されていません。

②負債の評価

　負債もまた、財務諸表上では会計基準に基づいて評価されますが、これが実際の経済的負債を完全に反映しているわけではありません。例えば、未来のリース支払い、環境改善のための費用、退職給付資金等の将来の責任は、負債として完全には計上されない場合があります。

③潜在的負債

　これは、ある条件が満たされた場合にのみ負債となるもので、法的紛争や製品のリコール、環境負債などがこれに該当します。これらのリスクは、企業の実態純資産に重大な影響を及ぼす可能性があります。

　これらの要素を評価することで、企業の実態純資産を把握することができ、企業の真の価値をより正確に評価することができます。これは投資家や買収者が適切な価格を決定する上で重要な情報となります。

実態純資産の把握

Ⅰ簿価純資産	×××××

A実在性のない資産修正	
仮払金	−×××××
前払費用	−×××××
電話加入権等	−×××××
計	−×××××

B発生主義訂正

退職給付引当金	－ × × × × ×
賞与引当金	－ × × × × ×
計	－ × × × × ×

C時価評価訂正

土地その他の資産の含み益	＋ × × × × ×
正規の減価償却からの乖離	－ × × × × ×
保険積立金含み益	＋ × × × × ×
レバレッジドリース返戻予測額	＋ × × × × ×
計	± × × × × ×

D税効果訂正

繰延税金資産	＋ × × × × ×
繰延税金負債	－ × × × × ×
計	± × × × × ×

Eその他プロフォーマ訂正

× × × × ×	＋ × × × × ×
× × × × ×	－ × × × × ×
計	± × × × × ×

Ⅱ修正額合計	± × × × × ×（A＋B＋C＋D＋E）
Ⅲ時価純資産	× × × × ×（Ⅰ＋Ⅱ）

▶固変分解、損益分岐点分析

固変分解と損益分岐点分析は、企業の財務デューデリジェンスにおいて重要な論点となります。これらの分析は企業のコスト構造と利益性を理解し、そのビジネスモデルの堅牢性と収益性を評価するために行われます。

①固変分解

企業のコストを固定費と変動費に分解します。固定費は、生産量や売上に関係なく一定であるコスト（例：リース費用、一部の人件費など）で、変動費は、生産量や売上に比例して増減するコスト（例：原材料費、直接労務費など）です。この分解により、企業が収益性を維持するためにはどの程度の売上が必要か、また企業がどの程度のコストをコントロールできるかを理解することができます。

②損益分岐点分析

企業の損益分岐点（固定コストをカバーし、利益がゼロになる売上レベル）を計算します。これにより、企業が収益性を維持するために必要な最低売上レベルを把握し、さらには現状の売上が損益分岐点売上に対してどの程度余裕があるかを把握し、そのビジネスモデルのリスクと機会及び安全性を評価できます。

これらの分析を通じて、企業のコスト構造と利益性を深く理解し、そのビジネスモデルの持続可能性を評価することが可能になります。これは、投資または買収の意思決定を行う際に、価値評価とリスク評価の重要な要素となります。

損益分岐点分析

	×1期	×2期	×3期
売上高A	100,000	103,000	110,000
変動費B	55,000	58,000	59,000
限界利益C＝A-B	45,000	45,000	51,000
限界利益率D＝C/A	45.00%	43.69%	46.36%
固定費E	40,000	45,000	45,000
損益分岐点売上F＝E/D	88,889	103,000	97,066
損益分岐点比率G＝F/A	88.89%	100.00%	88.24%
安全余裕率H＝（A-F）/A	11.11%	0%	11.76%

▶フリーキャッシュフローの把握

フリーキャッシュフローの把握は、財務デューデリジェンスの重要な部分で、企業の経済的価値とその収益性を評価するための重要な指標となります。

フリーキャッシュフロー（Free Cash Flow, FCF）は、企業が通常の業務を通じて生み出したキャッシュの量で、必要な資本的支出や租税負担を引いた後のものを指します。これは、企業が自由に使える、つまり株主への配当や新規投資に使える利益を表しています。

以下に、フリーキャッシュフローの把握における主要な論点を示します。

①フリーキャッシュフローの算出

企業のフリーキャッシュフローは、通常、営業キャッシュフローから資本支出（CAPEX）を差し引いて計算されます。営業キャッシュフローは、企業が通常業務から得たキャッシュの流れを示し、資本支出は企業が資産の購入やアップグレードに使った金額を表します。

②フリーキャッシュフローの動向と予測

　企業のフリーキャッシュフローの過去の動向を調査し、将来のフリーキャッシュフローを予測します。これにより、企業の収益性と財務的健全性を評価し、将来のビジネスパフォーマンスを予測することが可能になります。

③フリーキャッシュフローと企業価値

　フリーキャッシュフローは、企業価値を評価するための一般的な方法の一つです。これは、投資家や買収者が企業の将来のキャッシュ生成能力を評価し、適切な企業価値を決定するのに役立ちます。

　以上のように、フリーキャッシュフローの把握は、企業の財務状態と収益性を理解し、企業の真の価値を評価するために不可欠な部分です。

フリーキャッシュフローの分析

	×1期	×2期	×3期
売上高	100,000	103,000	110,000
変動費	−55,000	−58,000	−59,000
固定費（減価償却以外）	−30,000	−34,000	−34,000
固定費（減価償却）	−10,000	−11,000	−11,000
非経常項目調整	+100	0	−100
プロフォーマ調整	−100	0	+100
法人税	−1,500	0	−1,800
NOPAT	3,500	0	4,200
減価償却費	+10,000	+11,000	+11,000
運転資本の増減	0	+200	−650
設備投資額	−10,000	−12,000	−10,000
FCF	3,500	−800	4,550

▶統合シナジーの分析

　企業の合併と買収（M&A）は様々な戦略的目的を持って行われますが、これらの戦略的目的によって達成される効果は統合シナジーと呼称されます。デューデリジェンスにおいては、統合シナジーをM&Aの戦略的目的によって具体化し分析することが重要です。

①スケールメリット追求型

財務分析：財務状態やコスト構造を詳しく分析し、経済規模の拡大が実際にコスト削減に寄与するか評価します。

運営効率：両企業の生産設備、供給チェーン、物流システムの互換性や統合可能性を検証します。

②水平統合型

市場分析：市場の支配力や競争法規制に関するリスクを評価します。

製品・技術ポートフォリオ：競合製品間の重複やシナジーを分析し、製品ラインの最適化計画を検討します。

③垂直統合型

サプライチェーン：上流または下流のサプライチェーンの安定性とコスト構造を詳細に分析します。

取引条件：供給契約や顧客契約の条項を検討し、統合後の影響を予測します。

④戦略適合型

文化的適合性：企業文化や経営哲学の適合性を評価し、統合後の組織的課題を予測します。

戦略的シナジー：新技術、新市場へのアクセスが現在のビジネスモデルとどのように統合されるかを分析します。

⑤コングロマリット型

多様性管理：異なる業種間での経営資源の分配や管理能力を評価します。

財務リスク：異業種間での財務パフォーマンスの差異を評価し、財務リスクを管理します。

⑥製品・市場拡張型

市場分析：新しい市場の成長性、競争環境、規制状況を詳細に分析します。

製品の適合性：買収対象の製品が自社の製品ラインとどのように組み合わせることができるか、また市場ニーズにどのように応えるかを評価します。

ブランド価値：対象市場におけるブランド認知度とその影響力を分析します。

⑦技術獲得型

技術評価：買収対象の技術の革新性、特許の有効性、および技術の商業化可能性を検証します。

研究開発能力：技術開発チームの専門性と研究開発の歴史を評価し、継続的なイノベーションの可能性を確認します。

⑧再編型（リストラクチャリング）

運営効率：業務プロセス、コスト構造、および組織構造の評価を行い、

改善の可能性を探ります。

財務健全性：負債状況、現金流、及び長期的な財務予測を検討し、リスクを評価します。

⑨財務投資型

財務パフォーマンス：短期間での収益性と効率改善の可能性を評価します。

市場ポジション：投資後の市場でのポジションと競争力を分析し、戦略的な出口戦略を計画します。

⑩防衛型

競争分析：主要競争相手との比較を行い、買収による市場での立場の強化を評価します。

規制リスク：敵対的な買収の防御が規制に違反しないか、または政府や規制当局からの干渉の可能性を評価します。

　各類型のM&Aにおけるデューデリジェンスは、その目的と戦略に応じて異なる重点を置くべき項目があります。これらの分析は、取引の成功を左右するため、事前に十分な準備と詳細な検討が求められます。

第5節　労務デューデリジェンス

　労務デューデリジェンスは、日本においてはM&A実務に精通した社会保険労務士が担当することが多く、M&A（合併・買収）プロ

セスにおいて重要な役割を果たします。その主な目的は、対象企業の労働力、労働関係、人事政策、労働法令遵守、労使関係、人事管理プロセス等について深く理解し、それらが取引価格や将来的なビジネスパフォーマンスにどのような影響を及ぼす可能性があるかを評価することです。

以下に、労務デューデリジェンスの主な役割を詳述します。

①リスクの特定と評価

労働法令の遵守、不適切な労働慣行、労働紛争や訴訟の存在、不十分な労働条件や待遇、等の労働関連のリスクを特定し評価します。これにより、取引価格に影響を及ぼす可能性のあるリスクを明らかにし、未来のリスクを予測します。

②従業員と人事政策の理解

従業員の数、スキル、給与構造、福利厚生、労働組合の存在等について理解し、これがビジネスの運営にどのように影響を及ぼすかを評価します。これは、取引後の人事戦略の策定や経営計画の立案に重要な情報を提供します。

③文化とリーダーシップの適合性評価

対象企業の組織文化とリーダーシップスタイルを評価し、これが買収企業との統合に適しているかどうかを評価します。これは、組織間の文化衝突やリーダーシップの問題が取引後のパフォーマンスに影響を及ぼす可能性があるため重要です。

④人材の継続性の確保

特に重要な役割を担うキーパーソンが取引後も続けて働くことを確保することも重要な役割となります。彼らの離職は、事業の連続性やパフォーマンスに大きな影響を及ぼす可能性があります。

以上のように、労務デューデリジェンスは、M&Aプロセスにおける労働力の評価とリスク管理の重要な一部を担っています。

第 6 節 法務デューデリジェンス

▶法務デューデリジェンスの役割

法務デューデリジェンスは、日本においてはM&A実務に精通した弁護士が担当することが多く、M&A（合併・買収）や投資のプロセスにおいて非常に重要な役割を果たします。このプロセスの目的は、取引の対象となる企業が法律上の義務を遵守しているか、また将来的な法的リスクが存在するかを評価することです。

法務デューデリジェンスの主な役割は以下の通りです。

①法的リスクの特定

法務デューデリジェンスは、訴訟や調査、違反、契約上の問題など、法的な問題やリスクを特定するための重要な手段です。これにより、将来的な法的問題による損害やコストを予見し、それを取引価格に反映することが可能となります。

②法令遵守の確認

デューデリジェンスの過程で、企業が各種の法規制（労働法、環境法、個人情報保護法等）を遵守しているかを確認します。法規制違反は高額の罰金や訴訟、企業の評判への悪影響をもたらす可能性があります。

③契約の検討

企業が締結している契約（顧客契約、供給契約、リース契約など）を調査し、それらがビジネスの運営や価値にどのように影響を与えるかを評価します。契約が不適切であった場合、それが企業の価値に大きな影響を与える可能性があります。

④企業構造の理解

企業の所有構造、子会社、関連会社、提携企業などを理解することも重要です。これにより、企業の完全な財務状況とリスクプロファイルを把握することができます。

⑤知的財産の評価

特許、商標、著作権、ノウハウなどの知的財産の所有状況と保護状況を確認します。これらは企業の価値の大部分を占めることがあり、その保護や使用に関連するリスクを理解することは重要です。

以上のように、法務デューデリジェンスは、取引対象となる企業に潜む法的なリスクを明らかにし、そのリスクを管理するための重要な手段です。これにより、投資家や買収者は、法的な問題による損失を防ぎ、公正な取引を進めることが可能となります。

▶中小企業の法務デューデリジェンスの論点としての名義株の問題

　中小企業におけるM&A（合併・買収）のプロセスでは、しばしば名義株の問題が重要な法務デューデリジェンスの論点となります。名義株の問題とは、企業の株式所有者やその比率が明確でない、または一部の株主が存在しない、亡くなっている、所在が不明である等の問題を指します。

　中小企業では、家族経営や親族所有が一般的であり、企業の設立時や成長過程で株式が複数の親族や関係者に分配されることがあります。これらの株式は、しばしば名義株として保持され、実際の所有者やその比率が明確でないことがあります。

　以下に、名義株の問題がM&Aにどのように影響を及ぼすかを示します。

①取引の複雑化

　全ての株主の同意が必要な場合、名義株の問題はM&Aのプロセスを複雑化します。全ての株主を特定し、その同意を得るためには時間と労力が必要となります。

②企業価値の評価

　株主が明確でない場合、企業の正確な価値を評価することは困難です。また、名義株の問題は、投資家や買収者が取引に関してリスクを感じる原因となり、企業価値を下げる可能性があります。

③法的リスク

　名義株の問題は、将来的に株主からの権利主張や訴訟のリスクを

もたらします。このようなリスクは、企業の安定性や持続可能性に疑問を投げかけ、取引に対する不確実性を増大させます。

　以上のような問題を解決するためには、法務デューデリジェンスの過程で株主名簿の詳細な確認を行い、可能な限り全ての株主を特定することが重要です。また、名義株の問題を解決するための法的手続き（スクイーズアウトなど）を専門家の助けを借りて進めることも必要となる場合があります。

第7節　不動産デューデリジェンス

▶不動産デューデリジェンスの役割

　不動産デューデリジェンス（Real Estate Due Diligence）は、不動産投資や不動産関連のM&A（合併・買収）の前に行われる詳細な調査プロセスで、以下のような重要な役割を果たします。

①物件評価

　不動産デューデリジェンスでは、土地や建物の現状を評価します。これには、物件の価値、位置、大きさ、構造、状態などが含まれます。このプロセスには、通常、不動産鑑定士などが関与します。

②法的確認

　デューデリジェンスでは、物件の所有権や使用権、関連する契約や法規制を調査します。これには、物件のタイトル（所有権）の確認、ゾーニング（土地利用区分）や建築規制の調査、借地権や地上権な

どの契約の確認などが含まれます。

③環境調査

　土地に関連する環境問題やリスクを特定するための調査も行われます。これには、土壌汚染の調査や建物にアスベストなどの有害物質が含まれていないかの調査などが含まれます。

④財務分析

　物件の収益性や費用、将来的な価値を評価します。これには、物件の収益（レンタル収入など）や費用（修繕費、管理費、税金など）、市場の動向や将来の開発計画などを考慮します。

　これらの調査を通じて、不動産デューデリジェンスは、投資家や買収者が物件のリスクを理解し、その価値を適切に評価するための重要な手段となります。

▶同族保有の不動産の把握（地方の中小企業はかなりの確度で論点となる）

　M&Aの過程では、同族保有の不動産についての理解と把握が重要となる場合があります。特に地方の中小企業では、企業の資産としての不動産が重要な役割を果たすことが多く、これがM&Aの価値評価や交渉における重要な論点となります。

　同族保有の不動産は、一般的には企業の設立者やその家族が所有している不動産を指します。これらは、事業活動に直接関連する物件（例えば、工場やオフィス）だけでなく、投資用不動産や家族の私有財産も含むことがあります。

以下に、同族保有の不動産についての主要な論点を示します。

①不動産の価値

不動産の現在の市場価格は、M&A取引の価値を決定するための重要な要素です。不動産の評価は通常、不動産鑑定士によって行われます。

②事業への影響

不動産が事業活動にどのように関与しているかを理解することは重要です。例えば、事業運営に必要な施設が同族保有の不動産に含まれている場合、それが取引後も利用可能かどうか、取引時に買収可能かが重要な問題となります。

③リース契約

同族保有の不動産が事業にリースされている場合、その契約条件を詳しく調査する必要があります。リース料や契約期間、更新条件などが事業の財務状況にどのように影響を与えるかを理解することが重要です。

以上のような情報は、M&Aの過程で企業価値を適切に評価し、取引を円滑に進めるために不可欠です。また、これらの情報は、買収後の経営戦略を計画する際にも重要な参考情報となります。

第 9 章

バリュエーション

　バリュエーションとは、ある企業、投資、資産などの経済的な価値を評価することを指します。 これは、企業の買収や株式の売買、事業投資の決定などの際に行われ、価値を数値化することで、公正かつ透明な取引を可能にします。

　M&A（Mergers and Acquisitions、合併と買収）におけるバリュエーション（企業価値評価）は、対象となる企業の公正な価格を決定するための重要な工程であり、その目的は以下のように複数存在します。

①価格決定

　バリュエーションは、買収価格や取引価格を決定するための基礎となります。適切な価格を設定することは、買収者と売却者が公正な取引を進めるための重要な前提条件です。

②投資判断

　バリュエーションは、企業がその投資が適切かどうかを判断する上で重要な情報を提供します。企業価値評価が高い場合、投資は有望と判断される可能性があります。逆に、評価が低い場合は、投資リスクが高いと判断されるかもしれません。

③交渉材料

　バリュエーションは、買収価格や取引条件を交渉する際の重要なツールとなります。公正なバリュエーションは、双方が合意に至る

ための共通の基盤を提供します。

④財務戦略の策定

　バリュエーションは、M&Aが企業の財務戦略にどのように適合するかを理解するための基礎となります。これにより、企業は財務目標を達成するための戦略を策定することができます。

　以上のように、M&Aにおけるバリュエーションは、買収企業、売却企業、そしてそれらの間の取引全体を適切にガイドするための重要なツールです。

第2節　EV向上のための指針とする（事業承継計画の策定指針とする）

　企業価値（Enterprise Value、EV）を向上させるためには、専門家のバリュエーション（企業価値評価）が重要なガイドラインとなることがあります。以下にその理由と具体的なステップを示します。

①明確な目標設定

　バリュエーションを行うことで、企業の現状の価値を把握し、その上でどのような改善策を取るべきか、どの程度の価値向上を目指すべきかについて明確な目標を設定することができます。

②業績改善の指針

　バリュエーションは、企業の財務状況や業績についての深い洞察

を提供します。これにより、収益性を向上させるための具体的な手段や、コスト削減の可能性など、価値向上のための具体的な行動計画を立てることができます。

③投資や成長戦略の検討

バリュエーションを通じて、どのような投資が最も価値をもたらし、どの事業領域や市場が成長の機会を提供するかについての洞察を得ることができます。

④リスク管理

バリュエーションは、企業の潜在的なリスクや弱点を明らかにすることができます。これにより、これらのリスクを適切に管理し、価値を減少させる可能性のある問題を事前に対処することが可能となります。

これらの理由から、事業承継計画を策定する際にも、専門家のバリュエーションは非常に有用なツールとなります。バリュエーションは、事業承継のための戦略を立てるための基礎となり、承継後の企業の成長と価値向上の道筋を示すことができます。

第3節 具体的な親族外承継の譲渡額の目線の把握

事業承継におけるバリュエーションは、特に親族外の承継（第三者承継）の場合、適切な譲渡価格を決定するための重要な手段です。親族間での承継の場合でも重要ですが、親族外の承継ではなおさら、

公正で透明な価格設定が求められます。

　バリュエーションの結果は、以下のような点で譲渡価格を決定する際の参考になります。

①公正な価格の提示

　バリュエーションは、企業の現在の財務状況、将来の成長見込み、市場状況などを考慮に入れて企業価値を評価するため、譲渡価格を公正に設定することを可能にします。これは、承継者と譲渡者双方にとって公平であることを確認するための重要な手段です。

②交渉の基盤

　バリュエーションの結果は、譲渡価格をめぐる交渉の基盤となります。専門家による評価結果を元に、譲渡者と承継者は具体的な価格や支払い条件について議論することができます。

　したがって、親族外承継の譲渡額を決定する際には、専門家のバリュエーション結果を参考にすることが、公正かつ信頼性のある価格設定につながります。これにより、事業承継の成功に大きく寄与することが可能となります。

財産評価基本通達による取引相場のない株式の評価との乖離幅の把握

　財産評価基本通達に基づく株式評価と、企業価値評価（バリュエーション）との間には、しばしば乖離が生じることがあります。これは、評価の基準や方法が異なるためです。

財産評価基本通達は日本の税法上の評価基準で、主に相続税や贈与税の計算のために用いられます。これに対して、バリュエーションは企業の真の価値を評価するための手法で、企業の将来の成長見込み、収益性、リスクなどを包括的に考慮に入れます。

　財産評価基本通達による評価は、特に取引相場のない株式に対しては、比較的保守的な評価を行う傾向があります。これに対して、バリュエーションはより積極的な視点から企業価値を評価します。したがって、両者の評価結果が乖離することは少なくありません。

　事業承継、特に親族内承継においては、財産評価基本通達に基づく株式評価が具体的に相続税や贈与税等の株式移転コスト算定の基準とされるため重視されがちですが、株式移転コストのみでなく、将来の事業計画を含めた包括的な判断を行っていくうえで、親族内承継においても企業価値評価を取り入れることが有用です。

第5節　バリュエーションの主な手法

　バリュエーションには様々な手法があり、それぞれの手法は異なる評価基準と前提を持ちます。主なバリュエーションの手法には以下のようなものがあります。

①インカムアプローチ（DCF法）

　これは企業の未来のフリーキャッシュフローを現在価値に割り引くことで企業価値を評価する方法です。フリーキャッシュフローは、企業がその運営から生み出す現金の流れを表しています。

②マーケットアプローチ（比較企業倍率法）

これは同業他社や業界全体の平均的な評価倍率（たとえば、EV/EBITDA倍率など）を用いて、対象企業の価値を評価する方法です。一般的にはEV/EBITDA倍率法が用いられることが多いです。

③ネットアセットアプローチ（資産ベースの評価）

これは企業の資産（現金、設備、不動産など）と負債（借金、未払い費用など）を評価し、その純資産価値を企業価値とする方法です。なお、M&Aの世界では、時価純資産のみでは将来の収益性が反映されにくく、時価純資産に営業権を加算する方法（年買法、時価純資産＋営業権法）が採用されることが一般的です。

バリュエーションは専門知識を必要とし、様々な要素（市場環境、業績予測、リスク評価など）を考慮に入れる必要があります。

第6節 時価純資産法（時価純資産＋営業権法、年買法）

▶実態純資産の把握の必要性

時価純資産法（時価総資産から時価総負債を差し引いたもの）は、資産ベースのバリュエーション手法の一つであり、企業の資産の時価を基にして企業価値を評価する方法です。この方法では、企業が保有する資産と負債の実態を正確に把握することが非常に重要です。

以下は、時価純資産法における実態純資産の把握の必要性に関連する主なポイントです。

①真実の企業価値の反映

　企業の資産や負債の実態を正確に把握することで、企業の真の価値を反映した評価が可能になります。これにより、投資家や取引相手が適切な価格での取引を行うことができます。

②非運転資産の把握

　非運転資産（例：投資不動産や余剰資金）は、通常の事業運営に直接関連しない資産であり、それらの資産の価値を正確に評価することは、企業の真の価値を理解するために重要です。

③潜在債務の特定

　一見すると企業のバランスシート上に表れない隠れた負債（例：環境に関連する将来的な責任や訴訟リスク、オフバランスの退職給付債務など）を把握することで、企業価値の過大評価を避けることができます。

④再評価の必要性

　資産の時価は市場状況や経済状況によって変動するため、定期的な再評価が必要です。実態純資産の正確な把握は、再評価の過程での誤差を最小限に抑えるために重要です。

　以上のように、時価純資産法においては、実態純資産の正確な把握が、企業の真の価値を評価する上で不可欠です。ただし、この評価はあくまで貸借対照表をベースとする評価であるため、企業の将来の収益性を反映するものではないため、「時価純資産＋営業権法」や「年倍法」等として修正して利用されることが多いです。

▶各種資産負債項目の時価算定の手法

　時価純資産法では、企業の資産と負債の時価を評価し、その差額を取り出すことで企業の価値を算出します。資産や負債の具体的な項目ごとに、異なる評価方法や考慮点が存在します。

　以下は、主な資産・負債項目とそれに関連する時価算定の手法についての概説です。

①流動資産

現金及び現金同等物：通常、その額面が時価となります。

受取手形・売掛金：未収のリスクや割引の適用を考慮して評価することがあります。

在庫：売れ残りリスクや劣化リスクを考慮して、実際の市場価値や実勢価格を参照して評価します。

その他流動資産：その発生要因を追跡し、資産性の有無を確認します。

②固定資産

有形固定資産（例：建物、機械、土地）：取引事例比較法（同種の資産の取引価格を参照）、収益還元法（資産から生じる将来の収益を割り引いて評価）、原価法（再建築や再生産にかかる費用を基に評価）などを利用します。不動産に関しては不動産鑑定士に評価を依頼することが一般的です。

無形固定資産（例：特許、商標、営業権）：将来の収益やコスト節約の効果を元にDCF法を適用することが多いです。

投資有価証券：公開されている証券であれば市場価格を参照します。非上場株等の場合は、DCF法や比較企業倍率法などを使用して評

価します。

③負債

　期間が定められたもの（例：借入金）は、未来の支払額を現在価値に割り引いて評価します。一般的には元本残高が評価額となります。

　未来の義務に関連する負債（例：退職給付予定額）は、未来の支払額や確率を考慮して評価します。

潜在的な負債：訴訟リスクや環境問題など、バランスシート上に明示されていないが将来の支出が発生する可能性があるものです。専門家の意見や過去の事例を元に評価します。

　これらの項目の評価は専門的な知識を要するため、時価評価を行う際には、公認会計士や不動産鑑定士と連携することが多いでしょう。

⇒時価純資産の計算過程はP.146参照

第7節　DCF法とEV/EBITDA倍率法に共通の考え方

　DCF法とEV/EBITDA倍率法は、企業の価値を評価するための手法ですが、その根底にある考え方には共通点があります。これらの手法は、企業の将来的な収益力を現在価値に割り引いて評価する点で共通しています。具体的には、以下のような考え方があります。

①事業価値の算定

　まず、DCF法やEV/EBITDA倍率法は、企業の事業活動によっ

て将来生み出されるキャッシュフローや収益性を基に、その事業価値(事業から得られる価値)を算定します。DCF法では、将来のフリーキャッシュフローを現在価値に割り引いて算出します。一方、EV/EBITDA倍率法は、企業のEBITDA (利息、税金、減価償却前の利益)に特定の倍率を適用して事業価値を算定します。

②非事業用資産の加算

続いて、企業が保有する事業に直接関連しない資産、例えば投資不動産や投資有価証券などの非事業用資産を事業価値に加えます。

③企業価値の算定

事業価値と非事業用資産の合計が企業価値となります。これは、株主資本と他人資本 (負債) の合計に相当し、企業が市場において持つ全体的な価値を表します。

数式で表すと以下のようになります。

事業価値＋非事業用資産
＝企業価値
企業価値＝株主資本の時価＋他人資本の時価

これらの手法は、企業の価値を単に貸借対照表の資産と負債の評価で算

定する時価純資産法と異なり、企業の将来的な収益生成能力を重視します。DCF法とEV/EBITDA倍率法は、将来のキャッシュフローや収益性を評価の核とし、それに基づいて企業価値を算出する点で共通しています。

第8節 DCF法

▶DCF法とは

DCF（Discounted Cash Flow）法は、企業やプロジェクトの価値評価手法の一つで、将来予想されるキャッシュフローを現在価値に割り引くことでその価値を評価します。DCF法は、企業の将来の収益性やキャッシュ生成能力を反映させた価値評価を行うため、M&A、事業再編、投資判断など様々な場面で使用されます。

DCF法の基本的な手順は以下の通りです。

①将来のキャッシュフローの予測

将来期間（通常は数年間）にわたるフリーキャッシュフロー（FCF）を予測します。FCFとは、事業活動によって生み出されるキャッシュフローから投資活動に必要なキャッシュフローを引いたものを指します。

②割引率の決定

将来のキャッシュフローを現在価値に割り引く際に使用する割引率を決定します。この割引率は、資本コストや所望のリターンを示すもので、通常はWACC（加重平均資本コスト）を用います。

キャッシュフローの現在価値の計算：各年度の予想キャッシュフローを割引率で割り引いて、その現在価値を求めます。

③終末価値の計算

予測期間後のキャッシュフローを永続的に継続すると仮定した場合の企業価値（終末価値またはターミナルバリュー）を計算し、これも現在価値に割り引きます。

④総合的な価値の算出

上記で求めた各年度のキャッシュフローの現在価値と終末価値の合計が、企業やプロジェクトのDCFによる総合的な価値となります。

株主帰属価値の算定においては、事業価値に非事業用資産を加算してからネットデットを控除します。

DCF法による株式価値

	将1期	将2期	将3期	将4期	将5期	終末価値
FCF	3,077	4,416	6,210	8,097	10,075	10,075
終末価値						(※1) 167,917
割引期間	0.5	1.5	2.5	3.5	4.5	4.5
現価係数（※2）	0.97	0.92	0.86	0.82	0.77	0.77
FCFの現在価値	2,985	4,063	5,341	6,640	7,758	129,296
事業価値	156,083					
非事業用資産	20,000					
ネットデット	−70,000					
株式価値	106,083					

※1　最終期FCF÷加重平均資本コスト
※2　割引率は加重平均資本コスト。便宜的に今回は6%とする。

DCF法の特徴として、将来のキャッシュフロー予測が主要な要素となるため、その予測の精度や適切な割引率の選択が非常に重要となります。また、市場の状況や業界の動向、マクロ経済の影響など、多くの要因を考慮する必要があります。

▶フリーキャッシュフローの予測

　DCF法におけるフリーキャッシュフロー（FCF）の予測は、その手法の核心的な部分です。FCFとは、事業において生み出されるキャッシュフローから必要な投資を差し引いた額を指します。これは、事業を持続的に行う上での純粋なキャッシュの生産能力を示す指標として捉えることができます（第8章参照）。

　FCFの予測を行う際の主要な手順とポイントは以下の通りです。

①過去のキャッシュフローの分析

　まず、過去数年のキャッシュフローの動向を分析します。

　そのデータから、売上、原価、運営費用、投資、その他のキャッシュアウトのトレンドを把握します。

②売上の予測

　業界の成長率、市場シェアの変動、新商品の導入、価格変動等を考慮して売上を予測します。

③コストの予測

　原材料の価格、人件費、その他の運営費用の予測を行います。

　また、売上の増減に伴うコストの変動（固定費と変動費の構造）も考慮します。

④投資の予測

設備投資や研究開発費など、事業を継続・拡大するための投資を予測します。

⑤運転資本の変動の予測

売掛金、買掛金、在庫などの運転資本の変動を考慮してキャッシュフローの予測を行います。

フリーキャッシュフローの予測
＜前提条件＞
・売上高成長率は5%とする。
・変動比率は3期平均で約55%と想定する。
・固定費は34,000を適正額とする。
・減価償却は取替投資の水準を考慮して11,000とする。

	実績3期平均	予1	予2	予3	予4	予5
売上高	104,333	109,550	115,028	120,779	126,818	133,159
変動費	−57,333	−60,253	−63,265	−66,428	−69,750	−73,237
固定費（減価償却以外）	−32,666	−34,000	−34,000	−34,000	−34,000	−34,000
固定費（減価償却）	−10,667	−11,000	−11,000	−11,000	−11,000	−11,000
法人税		−1,289	−2,029	−2,805	−3,620	−4,477
NOPAT		3,008	4,734	6,546	8,448	10,445
減価償却費		11,000	11,000	11,000	11,000	11,000
運転資本の増減		69	−318	−336	−351	−370
設備投資額		−11,000	−11,000	−11,000	−11,000	−11,000
FCF		3,077	4,416	6,210	8,097	10,075

運転資本の増減分析

	×0期	×1期	×2期	×3期	Average
A売上高		100,000	103,000	110,000	
B変動費		55,000	58,000	59,000	
C在庫		3,000	3,200	3,200	
D売上債権		8,000	8,100	8,700	
E仕入債務		5,000	5,500	5,450	
運転資本合計C+D-E	6,000	6,000	5,800	6,450	
運転資本のFCFへの影響（前期−当期）		0	＋200	−650	
在庫比率C/B		5.45%	5.52%	5.42%	5.46%
売上債権比率D/A		8.00%	7.86%	7.91%	7.92%
仕入債務比率E/B		9.09%	9.48%	9.24%	9.27%

運転資本の増減予測

	予1	予2	予3	予4	予5
売上高A	109,550	115,028	120,779	126,818	133,159
変動費B	60,253	63,265	66,428	69,750	73,237
在庫推計値C=B*H	3,290	3,454	3,627	3,808	3,999
売上債権推計値D=A*I	8,676	9,110	9,566	10,044	10,546
仕入債務推計値E=B*J	5,585	5,865	6,158	6,466	6,789
運転資本推計値F=C+D-E	6,381	6,699	7,035	7,386	7,756
FCFへの影響（前期−当期）G	69	−318	−336	−351	−370
在庫比率H	5.46%				
売上債権比率I	7.92%				
仕入債務比率J	9.27%				

⑥税金等の影響

　税引後のキャッシュフローを予測するため、税金の影響も考慮し

ます。また、資本コストで考慮するため、借入利息の影響はここで
は反映しません。

　これらの要素をもとに、各期間におけるFCFを計算します。予
測の精度を高めるためには、定期的に過去の予測と実績を比較し、
予測のモデルを調整することが重要です。

▶運転資本の変動の予測の前提となる回転期間分析

　運転資本の変動を予測するには、回転期間分析が非常に有用です。
運転資本の主要な構成要素である売掛金、買掛金、在庫に対する回
転期間を理解することで、企業のキャッシュフローの動きや資金繰
りの状態を把握することができます。
　以下に、回転期間分析の主要な要点と計算方法を示します。

①売掛金回転期間

計算方法：平均売掛金残高/1日あたりの売上高
意味：売掛金を回収するのに平均で何日かかるかを示す指標。

②買掛金回転期間

計算方法：平均買掛金残高/1日あたりの仕入れ額
意味：買掛金を支払うのに平均で何日かかるかを示す指標。

③在庫回転期間

計算方法：平均在庫残高/1日あたりの売上原価（または1日あたり
の仕入れ額）
意味：在庫を販売するのに平均で何日かかるかを示す指標。

これらの回転期間を分析することで、運転資本の変動の動きやキャッシュフローの影響を予測する前提を設定することができます。例えば、売掛金回転期間が延びている場合、回収が遅れている可能性があり、キャッシュフローへの影響を考慮する必要があります。同様に、在庫回転期間が長い場合、在庫を保有するコストや在庫の古くなるリスクを考慮する必要があります。

　これらの回転期間分析を基に、将来の運転資本の変動やキャッシュフローの動きを予測するための前提や仮定を設定することができます。

▶売上高成長率

　FCFの予測を行う際、売上高成長率は非常に重要な前提となります。売上高成長率は、企業の将来的な収益の増加や事業の拡大を反映する指標であり、それに伴い投資ニーズや運転資本の必要量も変わってきます。

　売上高成長率を予測する際の考慮点は以下の通りです。

①過去の成長トレンド

　過去の売上の成長トレンドを参考にして、将来的な成長の可能性やペースを考えることができます。

②業界の動向

　業界全体の成長率や将来の見込みを調査し、企業の成長が業界平均を上回るか、それ以下であるかを考慮します。

③新製品やサービス

新製品やサービスの導入、または市場展開の予定がある場合、それが売上成長にどれくらいの影響を及ぼすかを評価します。

④市場シェアの動向

現在の市場シェアや競合との位置付け、戦略的な取り組みにより、市場シェアが増減する可能性を考慮します。

⑤マクロ経済の動向

経済成長率や消費者の購買意欲、通貨の価値やインフレ率などのマクロ経済の動向も、企業の売上成長に影響を及ぼす可能性があります。

⑥外部のリスク要因

規制の変更、技術革新、社会的トレンドなど、企業の外部環境におけるリスクやチャンスを考慮して、成長率の予測を調整することが重要です。

これらの要因を総合的に考慮し、リアリスティックでありながらも保守的な売上高成長率の前提を設定することで、フリーキャッシュフローの予測の信頼性を高めることができます。予測の過程で、定期的に過去の予測と実績を比較し、予測モデルの精度を向上させることも重要です。

▶固変分解

FCFの予測を行う際、企業の費用構造を理解するために固変分

解が非常に重要です。固変分解とは、企業の費用を固定費と変動費に分けることを指します。これにより、売上高が変動した場合の利益やキャッシュフローの影響を正確に予測することができます。

①固定費

定義：一定の期間内で、生産量や売上高の変動に関係なく、一定となる費用。

例：月々の賃料、管理給与、定期的な設備のメンテナンス費用など。

②変動費

定義：生産量や売上高の変動に伴い変動する費用。

例：材料費、直接労務費、変動する輸送費など。

③固変分解を前提としてFCFの予測を行う際のステップ

売上高の予測：企業の成長率、市場環境、競合状況などを基に売上高の予測を行います。

変動費の予測：売上高の予測に基づき、変動費の合計額を予測します。これは、単位あたりの変動費を売上高の予測量で乗算することで求められます。

固定費の予測：将来の期間にわたる固定費を予測します。これには、新しい投資や採用、その他の計画など、将来の変動を考慮する必要があります。

営業利益の予測：上記の売上高から変動費と固定費を差し引いたものが予測される営業利益となります。

投資活動や資金調達活動の影響：キャッシュフローを予測するには、営業活動だけでなく、投資活動や資金調達活動に関する予測も必要

です。

FCFの算出：予測された営業活動からのキャッシュフローから投資活動での支出を差し引いたものが、フリーキャッシュフローとなります。

　このように、固変分解はFCFの予測において、企業の費用構造やマージン、キャッシュフローの動きを正確に理解し、予測する上での基盤となる要素です。

▶WACCの算定

　WACC（加重平均資本コスト：Weighted Average Capital Cost）は、企業が異なる資本源（自己資本と他人資本）から調達する際のコストを加重平均したものです。DCF法などのキャッシュフローベースの企業評価やプロジェクトのNPV（純現在価値）分析を行う際の割引率として使われます。

　以下はWACCの算定方法です。

$$\text{WACC} = (W_e \times r_e) + (W_d \times r_d \times (1 - t))$$

ここで、変数は
・W_e：最適資本構成における自己資本の比率
・r_e：自己資本のコスト
・W_d：最適資本構成における他人資本（負債）の比率
・r_d：他人資本の前税コスト
・t：法人税率

です。

各項目の詳細と算定方法は、以下の通りです。

① W_e と W_d

　企業のバランスシートを使用して、自己資本と他人資本の市場価値の比率を計算します。

W_e＝自己資本の市場価値／全資本の市場価値

W_d＝他人資本の市場価値／全資本の市場価値

② r_e：（自己資本のコスト）

　通常、キャピタル・アセット・プライシング・モデル（CAPM）を使用して計算されます。

$r_e = r_f + \beta \times (r_m - r_f)$

・r_f：無リスク金利

・β：ベータ係数（企業の収益の市場全体に対する感応度を示す）

・r_m：市場の期待リターン

③ r_d：（他人資本の税前コスト）

　企業が発行した債権や借入に対する利息の率（YTM：Yield to Maturity）を使用することが一般的です。

④ t（法人税率）

　企業が支払う法人税の税率。WACCの計算では、税控除の効果を考慮するため、他人資本のコストにこの税率を掛け合わせます。

▶最適資本構成

　最適資本構成とは、企業の資本コストを最小化するための資本（自己資本と他人資本）の組み合わせを指します。具体的には、自己資本（株主資本）と他人資本（借入金や債権など）のバランスをどのように取るべきかを示すものです。

①最適資本構成を求める理由

資本コストの最小化：資本コストは企業の活動に必要な資金のコストであり、これを最小化することで、企業の価値を最大化することができます。

リスクの最適化：過度な借入は破綻リスクを高めるため、リスクを適切なレベルに保ちながら効率的な資本構成を築くことが重要です。

②主な考慮点

税制の影響：他人資本（特に借入）の利息は経費として税控除が可能であるため、税制の下での他人資本の後税コストは低くなります。この税の影響を考慮すると、一定の他人資本を持つことが企業価値を高める可能性があります。

破綻リスク：他人資本が増加すると、固定の利息支払い義務が増え、破綻リスクが高まる可能性があります。このリスクを避けるため、過度な借入は避けるべきです。

財務的柔軟性：一定の自己資本を持つことで、将来の投資機会に対応しやすくなります。

③最適資本構成の求め方

WACCを計算：異なる資本構成におけるWACC（加重平均資本コ

ト）を計算します。

WACCの最小値を見つける：WACCが最小となる資本構成を探します。この時点の資本構成が最適資本構成となります。

シナリオ分析：経済状況や事業環境の変化を考慮し、異なるシナリオ下での最適資本構成を試算します。

　最適資本構成は一定ではありません。市場環境、業界の特性、企業の事業戦略など、多くの要因によって変動するため、定期的な再評価と調整が必要です。

加重平均資本コストの計算例

		備考
税引前負債コスト	1%	対象会社の借入コストを使用することが一般的です。
実効税率	30%	便宜的に30%とします。
負債コスト	0.7%	
リスクフリーレート	0.1%	10年国債の応募者利回り等を使用します。
株式リスクプレミアム	7.2%	インプライドリスクプレミアムやヒストリカルリスクプレミアムの統計データを使用します。
Unleveredβ	0.73	ここでは類似上場企業の中央値を使用します。
D/Eレシオ	0.67	ここでは類似上場企業の中央値を使用します。
Releveredβ	1.07	Unleveredβ　×{1＋D/Eレシオ（1－実効税率）}
サイズリスクプレミアム	1.76%	株式市場の統計データを使用します。

株主資本コスト	9.56%	リスクフリーレート＋株式リスクプレミアム×Releveredβ＋サイズリスクプレミアム
負債比率	0.40	ここでは類似上場企業の中央値を使用します。
株主資本比率	0.60	1-負債比率
加重後負債コスト	0.28%	負債コスト×負債比率
加重後株主資本コスト	5.74%	株主資本コスト×株主資本比率
WACC	6.0%	加重後負債コスト＋加重後株主資本コスト

類似上場企業

	時価総額（自己株式除く）	非支配株主持分等	Net debt	投下資本	Net D/E Ratio	有利子負債比率	実効税率	Levered β	Unlevered β
	A	B	C	D=A+B +C	E=C/ (A+B)	F=C/ D	G	H	I=H/ (1+(1-G)×E)
類似上場企業A	125,000	2,100	85,000	212,100	0.67	40.1%	33.0%	0.70	0.48
類似上場企業B	340,000	34,000	350,000	724,000	0.94	48.3%	33.0%	1.37	0.84
類似上場企業C	9,200	-	(4,200)	5,000	(0.46)	(84.0%)	33.0%	0.25	0.36
類似上場企業D	18,700	2,700	5,900	27,300	0.28	21.6%	33.0%	1.06	0.89
類似上場企業E	260,000	20,000	187,000	467,000	0.67	40.0%	33.0%	1.26	0.87
類似上場企業F	2,300	180	2,500	4,980	1.01	50.2%	33.0%	1.02	0.61
Average					0.52	19.4%			0.68
Median					0.67	40.1%			0.73

▶非事業用資産の評価

　企業価値評価の際には、通常の事業活動とは関係ない「非事業用資産」も評価の対象となります。非事業用資産は、企業の主要な事業活動に直接関連しない資産で、投資不動産、遊休地、未使用の機器、非運用子会社や関連会社の株式などがこれに該当します。

　非事業用資産の評価の考え方と手法には以下のような点があります。

①目的の明確化

　非事業用資産を評価する際の目的を明確にします。例えば、評価の目的がM&Aの取引価格の決定である場合と、財務報告目的での公正価値の算定である場合では、評価のアプローチが異なる可能性があります。

②市場価格の調査

　可能であれば、同種または類似の資産の市場価格を調査します。これにより、非事業用資産の適切な評価価格を導き出すことができます。

③直接評価法

　特定の非事業用資産の評価に関して直接的な市場価格が存在する場合、その価格を参考に評価を行います。

④再生産原価法

　資産を新品状態で再生産するためのコストを計算し、それを基に評価を行います。減価償却や経年劣化を考慮して調整することもあ

ります。

⑤DCF法

　非事業用資産が将来的に収益をもたらす可能性がある場合、未来のキャッシュフローを現在価値に割り戻して評価する方法です。例えば、賃貸不動産のように定期的な収益が期待される場合などに用いられます。

⑥特別な専門家の意見

　特定の非事業用資産（例：美術品や古物）の評価は専門的な知識を要するため、その分野の専門家の意見を取り入れることが有効です。

⑦調整と総合的判断

　いくつかの評価方法や情報を元に、総合的な判断を下して非事業用資産の価値を決定します。

　非事業用資産の評価は、その性質上、主観的な要素が含まれることが多いため、透明性を持たせることや、適切な根拠や情報を用いることが重要です。

▶ネットデットの算定

　ネットデット（Net Debt）とは、企業の総借入金から現金・現金同等物を差し引いた金額を指します。これは、企業が保有する現金や現金同等物を使って直ちに返済できる負債の金額を示す指標となります。
　具体的なネットデットの算定方法は以下の通りです。

ネットデット＝短期借入金＋長期借入金－現金及び現金同等物

　詳しく分解してみましょう。

短期借入金：1年以内に返済が予定されている借入金や社債。
長期借入金：1年以上の返済期間を持つ借入金や社債。
現金及び現金同等物：現金、預金、または短期の高流動性を持つ金融資産（例：短期の国債や市場性の高い短期投資など）。

　なお、ネットデットの算定にあたって、企業によっては短期・長期のリース債務を含めることもあります。また、短期投資の定義や、現金同等物として算定に含める項目についても、企業や評価の文脈によって異なる場合があります。
　ネットデットは、企業の財務健全性やリスクを評価する際の指標として用いられることが多いです。ネットデットが高い場合、企業の負債返済能力に疑問が生じる可能性がある一方、ネットデットが低い、またはマイナスである場合、企業の財務が健全であると評価されることが一般的です。

ネットデットの算定例

A有利子負債

短期借入金	30,000
長期借入金	100,000
リース債務	20,000
債務合計	150,000

B現預金

手元現金	1,000
普通預金	50,000
定期預金	29,000
現預金合計	80,000

C＝A－B　ネットデット　70,000

_第 9 _節 EV/EBITDA倍率法

▶ EV/EBITDA倍率法とは?

EV/EBITDA倍率法は、企業価値を評価する際の一般的なアプローチの一つです。この方法は、特にM&A（合併・買収）の文脈や、企業間の比較分析、株式の適正価格を評価する際によく用いられます。

以下、EV/EBITDA倍率法の主要な要点を説明します。

① EV (Enterprise Value)

企業の総価値を示す指標です。

EVの算定は、株式市場価値（上場企業の場合）、ネットデット（総借入金−現金及び現金同等物）、少数株主持分、優先株（ある場合）を加算することで求められます。

② EBITDA (Earnings Before Interest, Taxes, Depreciation, and Amortization)

利益から金利、税金、減価償却、およびその他償却を除いたもの。

事業の基本的な収益力を示す指標として用いられ、企業間や異なる業界間での比較に適しています。

③ EV/EBITDA倍率

EVをEBITDAで割ったもので、企業の収益性に対する評価を示す指標となります。

この倍率は、同業他社や同じ業界の他の企業との比較、または歴

史的なデータとの比較を通じて、企業の評価が適切かどうかを判断するのに役立ちます。

④利点

EBITDAは非営業的要因（金利、税金、減価償却、その他償却）の影響を受けないため、企業のオペレーションの収益性をよりクリアに示します。

異なる税制度や資本構造を持つ企業間での比較が可能です。

⑤欠点

EBITDAはキャッシュフローを直接反映しないため、高投資を必要とする企業や高レバレッジの企業にとっては、実際のキャッシュフローの収益性を過大評価する可能性があります。

一部の企業や業界では、EBITDAが正確な業績の指標とならない場合もあります。

EV/EBITDA倍率法を用いる際は、その背景や文脈を理解し、他の評価手法と併せて使用することが望ましいです。

▶ EV/EBITDA倍率の計算に使用する類似上場企業の抽出

EV/EBITDA倍率を使用して企業の評価を行う際、比較対象として類似の上場企業を抽出することが一般的です。これは「コンパラブル（類似企業）分析」とも呼ばれ、企業の適正な評価を行うための一つの方法です。

類似上場企業の抽出においては、以下の要点を考慮すると良いでしょう。

①業種・業界

まず、該当する企業と同じ業種・業界に所属する上場企業をリストアップします。

②事業モデル

単に業種・業界が同じであるだけでなく、事業モデルや収益の構造も似ている企業を選択します。

③企業規模

市場価値や売上高、従業員数などの規模で比較して、類似の大きさの企業を抽出します。

④成長性

成長率や収益性の傾向が似ている企業を選びます。

⑤地域・市場

事業展開している地域や市場が似ている企業を抽出します。例えば、アジア市場を主要ターゲットとする企業と、北米市場を主要ターゲットとする企業では、ビジネス環境やリスクが異なる場合があります。

⑥財務健全性

財務状態や資本構造が似ている企業を抽出します。

⑦その他の特定の要因

たとえば、特定の技術や特許を持つ企業、特定の規制に直面して

いる企業など、評価対象の企業の特性に応じて考慮すべき要因があります。

　以上のような視点で類似の上場企業を選択し、それらの企業のEV/EBITDA倍率の中央値や平均値、範囲を求め、評価対象の企業の適正な倍率を推定します。この方法を使うことで、市場が同じ業界の似たような特性を持つ企業にどのような評価をしているのかを知ることができます。

▶ 類似上場企業のEV/EBITDA倍率に基づく対象企業の事業価値の算定

　類似上場企業（コンパラブル企業）のEV/EBITDA倍率を使用して、対象企業の事業価値を算定する手法は、「コンパラブル・カンパニーズ・アプローチ」とも呼ばれます。以下にその手順を示します。

①類似上場企業の選定

　対象企業と同じ業種・業界、似た事業モデル、企業規模、成長性、地域・市場、財務健全性などの要因に基づいて、類似する上場企業を選定します。

②EV/EBITDA倍率の取得

　選定した各企業のEV（企業価値）とEBITDAを使用して、EV/EBITDA倍率を計算します。
　これらの倍率から、中央値、平均値、最高値、最低値などの統計データを取得します。

③対象企業のEBITDAの算定

　対象企業の最近の財務情報や予想を基に、そのEBITDAを算定します。

④事業価値の算定

　上記で算出した対象企業のEBITDAと、類似上場企業のEV/EBITDA倍率の中央値（または平均値や適切と思われる値）を乗算して、対象企業の事業価値（EV）を算定します。

　対象企業の事業価値（EV）＝対象企業のEBITDA×類似上場企業のEV/EBITDA倍率の中央値（または平均値など）

⑤考慮すべき点

　同じ業界内でも、事業リスクや成長の見込み、収益性などの違いにより、倍率にばらつきが生じることがあるため、何社かの類似企業の倍率を参照し、幅を持った評価を行うと良いです。

　また、時期によって市場のセンチメントや業界の評価が変動することがあるため、最新のデータを使用することが重要です。

　以上の方法で、対象企業の事業価値を類似上場企業のEV/EBITDA倍率に基づいて算定することができます。ただし、この方法はあくまで参考の一つとし、他のバリュエーション手法と併用することで、より正確な企業価値の評価を行うことが望ましいです。

　なお、株主帰属価値の算定においては、事業価値に非事業用資産を加算してからネットデットを控除する点は、DCFとEV/

EBITDA倍率法で共通します。

EV/EBITDA倍率法の計算例

実績3期平均

売上高	104,333
変動費	−57,333
固定費（減価償却以外）	−32,666
対象会社正常EBITDA	14,334
採用マルチプル	10.4
事業価値	149,074
非事業用資産	20,000
ネットデット	−70,000
株式価値	99,074

類似上場企業の倍率

	時価総額	非支配株主持分等	Net debt	事業価値	EBITDA	EV/EBITDA倍率
類似上場企業A	125,000	2,100	85,000	212,100	12,300	17.2
類似上場企業B	340,000	34,000	350,000	724,000	75,000	9.7
類似上場企業C	9,200	0	−4,200	5,000	600	8.3
類似上場企業D	18,700	2,700	5,900	27,300	1,700	16.1
類似上場企業E	260,000	20,000	187,000	467,000	42,000	11.1
類似上場企業F	2,300	180	2,500	4,980	700	7.1
Average						11.6
Median						10.4

各アプローチによる評価方法の特性の理解

マーケットアプローチ（EV/EBITDA倍率法）、インカムアプローチ（DCF法）、ネットアセットアプローチ（時価純資産＋営業権法）は、企業の価値評価に用いられる三つの主要な手法です。それぞれの特徴と異同を以下に説明します。

▶マーケットアプローチ（EV/EBITDA倍率法）
①特徴
企業価値（EV）とEBITDAを比率で評価する方法です。市場の類似企業や取引のデータから評価を導きます。この方法は市場での評価を反映し、比較的客観性が高いとされます。

②留意点
類似企業の選択にバイアスがかかると評価結果に影響が出る場合があります。また、個々の企業の設備投資の特性などの個別性を反映させるのが難しい場合があります。

③適用
比較可能な市場データが存在する企業に適しています。

▶インカムアプローチ（DCF法）
①特徴
未来のキャッシュフローを割り引いて現在価値に換算します。将来の事業計画や成長性を評価に取り入れることができるため、成長

企業や変革期にある企業に適しています。

②留意点

　予測数値に主観が反映されやすく、恣意的な評価になり得ます。また、設備投資計画や損益予測など、具体的な事業計画を評価に組み込むことができる点が利点です。

③適用

　成長性や将来性が期待される企業、具体的なビジネス計画が立てやすい企業に適しています。

▶ネットアセットアプローチ（時価純資産＋営業権法）

①特徴

　現在の資産価値に基づき、営業権などの無形資産を加えて評価します。資産の時価を反映するため、清算価値や資産価値が重要視される場合に適しています。

②適用

　資産価値が企業価値の大部分を占める企業や、清算を検討している企業に適しています。

▶異同

①市場データの依存

　マーケットアプローチは市場データに依存するが、DCF法は未来のキャッシュフローに依存し、ネットアセットアプローチは現時点の資産価値に依存します。

②客観性と主観性

EV/EBITDA倍率法は比較的客観性が高いが、DCF法は予測数値に主観が反映されやすい。

③適用可能な企業タイプ

それぞれの手法は異なるタイプの企業に適しており、企業のライフサイクルの段階、業界の特性、資産構成などによって適した評価方法が異なります。

これらの点を踏まえると、評価する企業の特性と目的に応じて、最適な評価手法を選択する必要があります。また、時には複数の手法を組み合わせて用いることで、よりバランスの取れた評価が可能になる場合もあります。

第10章

PMI
（承継後計画）

第 1 節 PMIとは、後継者の承継後計画である

　PMIとは「Post-Merger Integration」の略で、合併後統合を指します。これは、M&A（合併・買収）後に行われるプロセスであり、特に後継者の承継後計画としても重要です。PMIは、M&Aの成功を左右する非常に重要な段階であり、効果的な統合には慎重な計画と実行が求められます。特に後継者や新経営陣にとっては、新たに統合された組織の方向性を定め、持続可能な成長を目指すための重要なステップです。

第 2 節 M&A領域においてPMI支援が手薄である理由

　M&A領域におけるPMI支援が手薄である理由には、いくつかの要因が考えられます。

①専門知識の不足

　PMIは非常に複雑で多岐にわたるプロセスです。多くのM&Aアドバイザーは取引の成立までの専門知識は持っているものの、統合後の運営に関する深い知識や経験が不足していることがあります。これがM&Aが成功率3割に留まるとされる原因の一つかもしれません。

②焦点の違い

　M&Aでは取引の成立に重点が置かれ、統合後のプロセスへの注

意はそれほど払われません。統合の成功は取引の完了後に現れるため、短期的な成果に重点を置く企業では見過ごされがちです。

③文化的・組織的課題

異なる企業文化や組織構造の統合は困難です。これを支援するための具体的な方法論が不足していることも、問題の一つです。

④成功の測定が難しい

PMIの成功を測定する明確な基準がないため、その効果を直接的に把握することが難しく、重視されにくいです。

これらの理由により、M&A取引においてPMIの段階が適切なサポートを受けにくい傾向があります。しかし、PMIは長期的な成功には欠かせない要素であり、その強化は重要です。また、同族経営の現場で2代目経営者などが事業を引き継いできたノウハウがPMIに応用できる場面が多く、その概念を体系化することがM&A領域のPMIテクノロジー開発につながります。

第3節　M&Aや経営者交代直後の混乱への初期対応の考察

PMIの現場でM&Aや経営者交代の直後に不平不満が噴出するという現象がよく見られます。事業承継やM&AのPMIプロセスの経験者はこの現象を「組織が経営に飢えていた」としばしば表現することがあります。

事業承継やM&AのPMIプロセスにおいて「組織が経営に飢えていた」と表現される現象は、これらの大きな変化の時期に不平不満が噴出する背景に深く関わっています。この表現は、以下のような要素を指しています。

①リーダーシップの欠如

　事業承継やM&Aの前の状況において、組織が十分なリーダーシップや方向性を得ていなかったことを示唆しています。このような「経営の飢餓」状態は、従業員が明確なビジョンや指導を求めていたが、それが不足していたという状況を反映している可能性があります。

②変化への渇望

　従業員が変化を求めていたが、前の経営体制下ではそれが実現しなかった場合、新しい経営者の登場は、待ち望んだ変化の機会として捉えられます。この期待は、初期の不平不満の噴出を通じて、実際に必要な変化に対する要求として表れることがあります。

③過去への不満

　「組織が経営に飢えていた」という表現は、過去の経営体制に対する不満や失望も含意しています。新しいリーダーシップに対する初期の不平不満は、過去の問題に対する反応としても理解できます。

④新しい経営者への期待とプレッシャー

　新しい経営者やリーダーシップチームには、過去の問題を解決し、組織を新たな方向に導くという重大な期待が寄せられます。この期

待は、プレッシャーとしても機能し、初期の不平不満の表明を通じて、従業員が新しい経営者に対して持つ希望や要求を示すことがあります。

　新しい経営者は不平不満を単なる否定的な反応として捉えるのではなく、組織が抱える根本的な課題を理解し、解決するための機会として捉えることが重要です。従業員の声に耳を傾け、透明性を持ってコミュニケーションを図り、組織全体で共有されるビジョンを築くことで、組織は新たな成長の道を歩み始めることができます。そしてこのプロセスは新しい経営者に権限と責任が移行するプロセスそのものであるとも言えます。

　PMIにおいて事業承継やM&A後に噴出する不平不満を経営に対する渇望と捉え、それを建設的な変化へと転換することで、組織は経営者交代やM&A後の挑戦を乗り越え、新たな成長と発展への道を歩むことができます。

第4節　PMIにおけるキーパーソンの特定

　事業承継のプロセスにおいて、母親が父親ではなく子どもの味方をする傾向があると言われることがあります。これにはさまざまな要因があり、そうではないケースもあるため、家族の関係性から傾向を類推することは必ずしも適切ではありません。むしろ、母親とされる立場の人が果たす役割から考察することが適切です。

　同族経営においては、経営者の配偶者がお金周りを管理していることが一般的です。これは日次であらゆるお金の動きがデータとし

て蓄積されるポジションにあります。

　これは事業の付加価値生成プロセスの細部を俯瞰出来るポジションでもあります。

　最初の頃は親が経営していた事業ですので、もともとは現経営者が過去に作った取引先であることが多いでしょう。しかしながら、事業承継も晩年に差し掛かってくると、次の世代が開拓した取引先や新たに開発した事業が増えていきます。こういった現実をリアルタイムで知ることができるポジションに母親がいることが多いということなのでしょう。また、母親というポジションは、事業の従事者という立場だけでなく夫と子どもという立場で意見をすることができます。この「事業の状態をリアルタイムで把握することができるポジション」と「どちらにも意見できる立場」が事業承継のプロセスにおいて、母親が父親ではなく子どもの味方をする傾向があると言われる要因です。

　また、これをM&Aの文脈で解釈すると、日次でお金の動きを集計し事業の付加価値生成プロセスの細部を俯瞰できるポジションの人物を財務デューデリジェンスやPMIの前提として特定しておく必要があることを示唆しています。このような人物はデューデリジェンスやPMIのプロセスにおいて重要な役割を果たします。

第5節　後継者が「経験不足」と言われることの意味を理解する

　後継者が大企業勤務や丁稚奉公から戻ってくると、多くの親族内承継で後継者が「経験不足」と言われることがあります。実際には、その会社での経験は少ないので間違いではない面もあるのですが、

それは新入社員も同じであり、異業種からの転職組も同じであり、異業種を買収したM&Aでも業界経験は少ないはずですが、経験不足を糾弾されることはあまりありません。

　社会人の成長の過程を議論する際に、「ブラック企業ほど成長する」という現象が見られます。人手不足の業界などは、多少経験不足であっても、仕事を任せざるを得ないからです。たいていのブラック企業と言われる企業の出身者は社会人として有能であることが多いのは、経験不足であってもどんどん仕事を任されてきたという経験値によるところが大きいように思います。

　このように後継者が経験不足であれば、どんどん権限移譲して経営者としての経験を積ませればいいだけなのですが、そのような権限移譲が行われにくいどころか、事業承継の現場であえて経験不足が強調されるのには理由があります。それは、「後継者が経験不足でないと困る人たち」の存在です。実際に多くの経営者交代の場面で退任する側や引き継ぐ側を支援していると、同じようなことを言う人たちがいます。そしてほとんどの場合それは先代経営者や古参幹部たちなのです。

　「後継者は経験不足」には続きがあります。「後継者は経験不足だ。だから俺がいなければならない。」先代や古参幹部からすると、後継者が経営者としての能力を身につけてしまうことは、会社での自身の立ち位置の喪失を意味していることがあります。このような心理状態が「後継者は経験不足」という言葉に現れるのです。逆説的ですが、後継者が有能であればあるほど、このような発言は多いものなのです。

　承継直後またはPMI初期段階の組織に有効な処方箋は、新しいビジョンを持ち込み共有することなのでしょう。組織のベクトル合

わせを行っていくことで、PMI初期段階の後継者や新しい経営陣に寄せられる不安を消失させ、期待に働きかけていくことができます。

このような経験から、事業承継を経験した二代目経営者などは、後継者や新しい経営陣という異物が既存の組織に混入した際に生じる化学反応を正確に識別できるようになります。これをM&Aの文脈で解釈すると、PMI段階で生じる「シナジーの不発」や「組織文化の衝突」といった現象を正確に分析し、適切に対応できることを意味し、これはPMIのキーテクノロジーであると言えます。

第6節　PMIの各種手順

PMIは、合併や買収（M&A）、または事業承継後に行われる統合プロセスです。このプロセスは、組織の価値を最大化し、シナジー効果を実現するために重要な役割を果たします。以下に、PMIの主要な手順を概説します。

▶投下資本の回収スキームの構築（親族外承継）

投下資本の回収スキームの構築は、特に親族外承継や同族経営の企業が買収や事業承継を行う際に重要な論点です。このプロセスは、買収した事業の運営から得られる収益を通じて、初期に投下した資本を効率的に回収するための戦略的な計画を立てることを意味します。以下に、このスキーム構築の主要な要素を説明します。

①資本と収益の連動

投下資本（購入に必要な金額、運転資本など）と、買収事業の運営から得られる収益（売上高、利益など）を連動させ、資金の循環を計画的に行います。

事業の各種資産（土地、建物、設備、知的財産など）から最大限の価値を引き出し、それを資本回収の源泉とします。

②不動産と事業会社の分離

同族経営の場合、不動産（土地や建物）と事業会社を分離して取得し、運営することが一般的です。

親会社が不動産を所有し、事業会社に賃貸する形式を取ることで、賃貸料を通じて投資資本の回収を図ります。

③賃貸料とアドバイザリーフィーによる回収

不動産からの賃貸料や、経営管理、コンサルティングなどのアドバイザリーフィーを資本回収の手段として活用します。

これにより、事業運営の収益とは別のチャネルを通じて、投下資本の回収を進めることができます。

④財務構造の最適化

買収に際して組成された財務構造（自己資本と借入れのバランスなど）を見直し、利益配分や資本コストの最適化を図ります。

長期的なキャッシュフローの予測に基づいて、返済スケジュールや再投資計画を策定します。

⑤事業シナジーの創出

　買収事業と既存事業間でのシナジー効果を追求し、全体としての収益性の向上を目指します。

　事業の相乗効果による収益増加が投資資本の回収速度を加速させることが期待されます。

　投下資本の回収スキームの構築は、買収や事業承継後の経済的持続可能性を確保する上で不可欠です。特に親族外承継の場合、従来の経営体制や財務戦略からの転換が求められるため、慎重な計画と実行が必要となります。

▶デューデリジェンス検出事項への対応

　PMIプロセスにおけるデューデリジェンス検出事項への対応は、合併や買収（M&A）の成功において極めて重要なステップです。デューデリジェンスは、買収前に行われる詳細な調査プロセスであり、対象企業の財務状況、法的問題、運営リスクなどを評価します。デューデリジェンスで検出された事項に対して効果的に対応することで、リスクを軽減し、統合後の価値創出を最大化することができます。

　デューデリジェンス検出事項への対応手順は以下の通りです。

①検出事項の評価と優先順位付け

　デューデリジェンスで検出された問題点を詳細に分析し、その影響度合いに応じて優先順位を付けます。

　法的、財務的、運営上のリスクを特定し、それぞれのリスクが事業に及ぼす潜在的な影響を評価します。

②アクションプランの策定

　各検出事項に対して具体的な対応策を策定します。これには、リスクの軽減、問題の解決、またはリスクの受容に関する戦略が含まれる場合があります。

　必要に応じて、弁護士、公認会計士など外部の専門家と協力して対応策を検討します。

③対応策の実行

　アクションプランに従い、対応策を迅速かつ効果的に実行します。

　対応策の実行には、契約条件の再交渉、リスク軽減のための内部コントロールの強化、必要な法的手続きの完了などが含まれる場合があります。

④モニタリングとレビュー

　対応策の実施状況を継続的にモニタリングし、計画に基づいて進行していることを確認します。

　実施した対応策の有効性を定期的に評価し、必要に応じて追加の対策を講じます。

⑤コミュニケーションと透明性の確保

　デューデリジェンス検出事項への対応策とその進捗状況を、経営陣、従業員、親会社などの関係者と共有します。

　透明性を保つことで、組織内の信頼を維持し、統合プロセスへの支持を確保します。

　デューデリジェンス検出事項への対応は、統合後の成功を左右す

る重要な要素です。これらの対応策を効果的に実行することで、統合プロセスにおけるリスクを管理し、新たに統合された企業がそのポテンシャルを最大限に発揮できるようにします。

▶人的リソースの分析と組織の機能性回復

　PMIプロセスにおける人的リソースの分析は、組織の成功と機能性の回復にとって非常に重要です。この分析は、組織の構成員が現在どのような役割を担い、どのような責任を果たしているかを理解することから始まります。このプロセスを通じて、統合後の組織が直面する可能性のある人的リソース関連の課題を特定し、対応策を講じることができます。

　人的リソース分析のステップは、以下の通りです。

①役割と責任の特定

　各従業員の現在の職務状況をヒアリングし、彼らが担当している具体的な役割と責任を明確にします。

　役割の重複や不足がないかを確認し、必要に応じて調整を行います。

②スキルと能力の評価

　従業員のスキルセット、資格、経験を評価し、それが組織の目標とどのように連携しているかを分析します。

　統合後の組織に必要なスキルギャップを特定します。

③パフォーマンス評価

　従業員の過去のパフォーマンス評価を分析し、その成果と貢献度

を理解します。

　高性能な従業員とその成功要因を特定し、これを組織全体に拡散する方法を検討します。

④エンゲージメントとモチベーションの分析

　従業員のエンゲージメントレベルを測定するために、ヒアリングを実施します。

　組織へのコミットメントや職場の満足度が低い原因を特定し、改善策を検討します。

⑤組織文化の評価

　統合する両組織の文化的差異を評価し、その影響を分析します。異なる文化を持つ従業員間で共通の理解と尊重を促進する方法を検討します。

⑥リーダーシップとマネジメントの構造評価

　統合後の組織におけるリーダーシップとマネジメントの構造を評価します。

　効果的なリーダーシップとチーム管理のために必要なトレーニングや開発プログラムを特定します。

　人的リソースの分析を通じて、統合後の組織において最適な人材配置を行い、従業員のエンゲージメントと満足度を高め、組織のパフォーマンスと生産性を向上させることが目指されます。このプロセスは、組織の機能性を回復し、統合によるシナジー効果を最大化するための基盤を築きます。

▶社歴を辿ることから「のれん」を抽出

　PMIのプロセスにおいて、企業の社歴を辿ることから「のれん」を抽出することは重要な論点です。会計用語で、「のれん」は、会社がその純識別可能な資産の公正価値を超える価格で取得された時に生じる無形資産を指します。このののれんは、強力なブランド、良好な顧客関係、良好な従業員関係、特許や独自技術などの要素を代表しているとされます。より広い意味では、会社のブランドや評判の価値、またはそれが提供する地域社会での持続的な貢献の象徴としての価値とも考えられます。本質的には、ビジネスの超過価値であり、それは直接的には物理的資産や純資産に帰属しないもので、一貫した地域社会への貢献と信用力の維持を通じて時間をかけて構築されてきたものです。

　ほとんどの場合、のれんは、親族外承継、つまりはM&Aの文脈で語られることが多いように思います。M&Aの場合、会計上具体的な数値としてのれんが計上されることがありますが、親族内承継の場合には、具体的にのれんが意識される場面は少ないように思います。特に後継者側は、のれんというものを過小評価しがちであり、長年にわたる地域社会への貢献というのれんの本質を軽視しがちになり、事業承継の場面で先代とコンフリクトが生じやすい原因にもなりえます。

　しかしながら、親族内承継であれ親族外承継であれ、事業承継のプロセスにおいてこののれんを具体的に認識し、経営資源として活用していくことが成功の鍵となります。

　親族内承継においてのれんを評価するプロセスは、創業からの事業活動の履歴を辿っていくことに似ています。後継者が家業に戻ってくるタイミングは、先代の経営能力が衰え始めるタイミングと重

なります。したがって、後継者は晩年の衰えが生じた先代としか一緒に仕事をすることはありません。しかし、後継者が幼少期の頃から先代と関わってきた取引先や部下などは、先代を違った目で評価していることがあります。そしてここに、後継者が先代を過小評価しがちな原因があります。後継者が関係者の中で先代を最も過小評価しているケースが多いことは予め認識しておくべきでしょう。

　企業の信用力は、創業期からのすべての期間の地域社会への貢献のうえに成り立っています。このれんを認識し、適切に評価するプロセスは親族内承継かM&Aかを問わず後継者にとって必須のものであると言えます。

　のれんの抽出プロセスは、以下の通りです。

①歴史的背景の分析

　買収された企業の創業から現在に至るまでの歴史的背景を詳細に調査します。

　企業が築き上げてきたブランドイメージ、市場での地位、業界内での評判など、無形資産の源泉となる要素を特定します。

②主要な業績指標（KPI）の評価

　過去の財務報告書を分析し、売上高、利益率、市場シェアなどの業績指標を評価します。

　これらの指標がどのように企業の無形資産に貢献しているかを理解します。

③ステークホルダーの意見収集

　顧客、サプライヤー、従業員などのステークホルダーから、企業

に対する意見や評価を収集します。

　これらの意見を通じて、企業の無形資産の価値をさらに把握します。

④競合分析

　同業他社との比較を行い、買収された企業が持つ独自の強みや競争優位性を明確にします。

　これらの強みがのれんの価値にどのように反映されているかを分析します。

⑤統合戦略への反映

　抽出したのれんの要素を統合後の経営戦略に反映させ、ブランド価値の向上や新たな市場機会の創出に活用します。

　企業の社歴を辿ることから抽出されるのれんは、統合後の企業価値の重要な構成要素です。適切に評価し、戦略的に活用することで、統合後のシナジー効果を最大化し、持続可能な成長を促進することができます。

▶付加価値構造の分析

　PMIの過程での付加価値構造の分析は、統合された企業がどのように顧客に価値を提供し、収益を生み出しているかを理解する上で重要です。この分析を通じて、企業が持つコアコンピタンス、差別化された価値提案、および利益創出のメカニズムを明確にし、統合後の戦略的な方向性を定めることができます。

　付加価値構造の分析プロセスは、以下の通りです。

①価値創造プロセスの識別

統合された企業の製品やサービスがどのように顧客に価値を提供しているかを詳細に分析します。

供給チェーン、オペレーション、販売・マーケティングプロセスなど、価値創造に関わる主要な活動を特定します。

②コアコンピタンスの特定

企業が競合他社と比較して優位性を持つ、独自のスキルや技術、ノウハウなどのコアコンピタンスを特定します。

これらのコアコンピタンスがどのようにして顧客に独特の価値を提供しているかを分析します。

③利益構造の分析

収益の主要な源泉となっている製品やサービスラインを識別し、それぞれの利益率を分析します。

コスト構造を詳細に検討し、コスト削減や効率化の機会を特定します。

④顧客セグメントの評価

企業がサービスを提供している顧客セグメントとそのニーズを詳細に分析します。

顧客が製品やサービスに対して持っている認識や満足度を評価し、顧客ロイヤルティの強化方法を検討します。

⑤競争環境の分析

業界内の競争状況を分析し、主要な競合他社との比較を行います。

競争優位性を維持・強化するための戦略的な機会を特定します。

⑥シナジー効果の特定

統合によって期待されるシナジー効果を特定し、それらが付加価値構造にどのように影響を与えるかを評価します。

シナジーを実現するための具体的なアクションプランを策定します。

付加価値構造の分析を通じて、統合された企業が持続的な成長を遂げるための戦略的なインサイトを得ることができます。この分析は、統合後の経営戦略の策定、コアコンピタンスの強化、および市場での競争力の向上に不可欠です。組織が市場ニーズに応え、顧客に継続的な価値を提供するための基盤となります。

▶成長戦略・統合シナジーの具体化

PMIにおける成長戦略と統合シナジーの具体化は、合併や買収によって得られた新しい組織が将来にわたって成功を収め、持続的な成長を実現するための重要な要素です。この段階では、統合によって期待されるシナジー効果を実現し、それを基に成長戦略を策定・実行することが求められます。

成長戦略の策定手順は、以下の通りです。

①市場機会の評価

合併や買収によってアクセス可能となった新しい市場や顧客セグメントを特定し、その機会を評価します。

業界のトレンドや市場のニーズを分析し、企業がどのようにしてこれらの機会を最大限に活用できるかを検討します。

② 競争戦略の策定

競争環境を再評価し、統合された企業の競争優位性を明確にします。

コアコンピタンスを活かし、差別化された価値提案を通じて競争に打ち勝つ戦略を策定します。

③イノベーションと製品開発

統合によって得られた技術や知識を活用して、新製品やサービスの開発を加速します。

顧客の未充足ニーズを満たすためのイノベーションに注力し、市場でのリーダーシップを確立します。

④オペレーションの最適化

オペレーションプロセスを見直し、効率化とコスト削減の機会を特定します。

サプライチェーンや生産プロセスの統合によるスケールの経済を実現します。

また、統合シナジーの具体化プロセスは、以下の通りです。

①コスト削減と効率化

重複する機能やプロセスの統合により、コスト削減を実現します。

購買力の向上や共通のサービスプラットフォームの利用による効率化を図ります。

②クロスセリングの機会

統合された企業の製品やサービスポートフォリオを通じて、既存顧客に対するクロスセリング（追加の製品やサービスを販売すること）の機会を特定します。

新しい顧客基盤へのアクセスを活用し、販売チャンネルを拡大します。

③人材と知識の共有

両組織のベストプラクティス、専門知識、技能を共有し、人材の能力を高めます。

組織間での協力とコラボレーションを促進し、イノベーションを加速します。

④ブランドと市場の統合

企業のブランド戦略を再評価し、市場での統一されたメッセージングを確立します。

合併や買収によって強化されたブランド価値を市場に伝え、顧客の信頼を得ます。

成長戦略と統合シナジーの具体化は、統合された企業が長期的な競争力を持ち、市場で成功を収めるための基盤となります。これらの戦略を効果的に実行することで、統合の効果を最大化し、投資のリターンを確保することが可能になります。

承継期間中または複数経営者型の事業承継の意思決定技術

　事業承継やM&Aにおいては、一時的に経営者クラスの人材が複数いるような状態が継続する現象が見られます。このような状態は組織において指揮命令系統が複雑になるなど意思決定における対立や調整の難しさを伴います。

　経営者クラスの人材が2名以上いて、それが親族である場合には、デメリットにもなり得ますが、メリットとなる場合もあります。

　ヘーゲルの弁証法は、西洋哲学における複雑な思考方法の一つとして知られています。弁証法は、対立する二つの概念や事物（テーゼとアンチテーゼ）が互いに相互作用を持ち、それによって新しい概念や事物（シンテーゼ）が生まれるというプロセスを中心としています。

テーゼ（Thesis）：ある状態や概念の初期の状態。
アンチテーゼ（Antithesis）：テーゼに対立する状態や概念。
シンテーゼ（Synthesis）：テーゼとアンチテーゼの対立を超えて新しく生まれる状態や概念。

　このプロセスは繰り返し行われ、新しいシンテーゼが次のテーゼとして登場し、新たな対立と統合のサイクルが始まります。

　親子経営の現場に当てはめてみた場合には、テーゼは先代であり、過去からの歴史の連続性からの経営判断ということになります。アンチテーゼは後継者であり、過去からの連続性ではない新しい時代の新しい現実に対する認識から生じる経営判断ということになりま

す。この二つの経営判断を融合させることができれば、市場における競争優位の源泉となり得る場合があります。

　同族経営で経営者クラスの人材が複数いる場合、このような意思決定プロセスに関する相互の理解が最も重要であり、「誰の判断であるかではなく、最適判断であるか」を尊重できるということが経営者クラスの人材が複数人いる組織における成功の鍵であり、同族経営においても最も重要な技術であると言えます。

　また、この概念は、大手の傘下に入るなど、グループ経営においてそれぞれ子会社に経営者がいる場合、取締役会などの会議体を運営する際など、意思決定の場面において尊重されるべきものです。

第8節 先代が「終身経営者」を望む場合の役割分担の考察

　PMIプロセスにおいて、先代経営者が「終身経営者」として留まることを望む場合、その役割分担の考察は非常に重要です。特に家族経営や中小企業の場合、先代経営者の影響力は大きく、彼らの経験、知識、ネットワークが企業の重要な資産となっていることが多いです。そのため、先代の役割を適切に定義し、新旧経営陣間での効果的な役割分担を確立することが、統合後のスムーズな運営と持続的な成長につながります。

▶先代経営者の役割分担の考察ポイント

①アドバイザリー役割の明確化

　先代経営者には、経営アドバイザーや顧問としての役割を担ってもらうことが一般的です。彼らの経験と知識を活用し、戦略的な意

思決定や重要な交渉事において助言を提供してもらいます。

②文化的伝承とメンターシップ

先代経営者は、企業の文化や価値観の伝承者としての役割も担います。彼らが築き上げた企業文化を新世代の経営陣や従業員に伝えることで、組織のアイデンティティを維持します。

また、後継者や若手経営陣に対するメンターとして、経営スキルや業界の知識を伝授することも重要な役割となります。

③顧客や取引先との関係維持

先代経営者が長年にわたって築いてきた顧客や取引先との関係は、企業にとって貴重な資産です。先代がこれらの関係を維持し、新経営陣との橋渡し役を果たすことで、ビジネスの連続性を確保します。

④意思決定プロセスへの関与の調整

先代経営者の意思決定プロセスへの関与度合いを適切に調整する必要があります。日々のオペレーションからは一定の距離を置きつつ、重要な戦略的決定には参画するといったバランスが求められます。

⑤後継者との役割分担の明確化

先代と後継者間での役割分担を明確にし、お互いの責任範囲をはっきりさせることが重要です。この過程で、双方の期待を調整し、コミュニケーションを密に取ることが成功の鍵となります。

⑥組織内での地位の調整

　先代経営者が組織内でどのような地位を保持するかを慎重に検討し、その地位が新経営陣の権威や意思決定プロセスに影響を与えないようにします。

　統合後の企業が健全な成長を遂げるためには、先代経営者の豊富な経験と知識を活かしつつ、新しい経営陣のリーダーシップとイノベーションを促進することが重要です。先代経営者の役割分担を適切に考察し、調整することで、組織全体のバランスを保ちながら、新旧の最良の組み合わせを実現できます。

 第9節 世代交代トラップの原因分析とその解消方法の考察

　世代交代トラップとは、経営の世代交代が一向に起こらず、多くの潜在的な問題を含んでいる状況を指します。例えば、後継者が実質的に経営の切り盛りをしているものの前経営者が権限を保有し続けている場合、あるいは後継者が形式的に経営権を引き継いでいるものの実質的には前経営者が引き続き強い影響力を持っている場合などです。

　この型では、表面的な世代交代があっても、実質的な経営の革新や変化が伴わないため、企業の長期的な成長や発展が妨げられる可能性があり、中小企業の生産性が上向かない要因となっています。また、多くの事業承継で先代と後継者との間で確執を生む原因ともなってきました。

　この世代交代トラップの正確な原因分析とその解消方法の試行錯誤プロセスは、PMIテクノロジーの進化と中小企業の生産性向上

に大きく貢献する可能性を秘めています。以下は世代交代トラップが生じる原因と考えられる現象についてです。

▶世代交代トラップの原因分析

①権限と責任の分離

　一般的には、経営者には大企業の従業員等と異なり、定年がありません。しかしながら、経営者が自らの引退を意識することがあります。雇われの身が最もコスパがいいと言われるように、経営者には実際に多くの重責がのしかかっています。多くの経営者から事業承継やM＆Aの相談を受けていると、だいたい60代半ばから70歳あたりで自身の引退について考えるようです。

　子どもの教育が一段落し、住宅ローンも返済し終わり、子どもが自立してきた段階で、経営者としての重責が急に重くなってくるタイミングがあるようです。今までは、同世代とビジネス上の交渉をしてきたはずが、自分の子どもの世代とビジネス上の交渉をすることになり、いつの間にか孫の世代を相手に交渉することが多くなってきます。また、子どもの人生の輪郭がはっきりし始めると、子どもを都内から地方に連れ戻すのも現実的ではなくなってきます。

　実際に、今の40代や50代の経営者は、出口を見据えて経営を行っている傾向があります。事業投資を行ううえでも、成果が出るころの年齢についても意識しています。そのような40代から50代の現役経営者も、この経営者としての職責を全うしようとしたときに、続けられるのは70歳ぐらいまでが限度であろうと異口同音に言います。

　この視点は非常に重要で、経営者としての重責を背負っているがゆえに、それがどれだけ大変なことであるかも身を持って理解して

223

いるということを意味しています。いわばこの重責は経営者としての正当性の証であるともいえます。

　「経営者は自由の刑に処されている」というフレーズは、経営者や起業家の自由と責任に関する矛盾を示唆する言葉の一つです。経営者は一見自由を持っているように見えるかもしれませんが、実際には企業の運営や従業員の責任、取引先との関係など多くの責任を負っています。そのため、彼らは自由という名の「刑」に処されているとも言えます。これは、経営者が自分の時間やプライベートな生活を犠牲にして、事業の成功のために働くことを意味します。経営者が60代になって、早く肩の荷を下ろしたいと思うようになるのも無理からぬことでしょう。

　しかしながら、事業承継の現場においては、後継者が現れることによって、弱音を言っていたはずの先代が息を吹き返し始めます。後継者が経営の重責を負い始めることによって、先代の負担がなくなるからです。そして経営の重責が後継者に移り権限だけが残った先代にとって、組織にいることは非常に居心地が良くなっていきます。そしてここに、「自由＝先代、重責という刑＝後継者」という図式が出来上がります。これが親族内承継において世代交代が進まない原因の一つです。

　また、この権限と責任の分離構造という捉え方は、事業承継やM&Aにおいて生じる現象の正確な分析に役立ちます。

②事業承継時、又はM&A直後に混乱が生じる理由

　事業承継やM&Aは、組織の権限と責任の構造に大きな変動をもたらします。従業員はこの新しい権限と責任の構造に適応する必要があり、この変化の期間中にしばしば組織内での混乱を引き起こし

ます。

③世代交代が遅れると人材の流出が加速する理由

　経営の世代交代が遅延した組織では、少なからず権限と責任の分離構造が見られます。この影響が如実に現れるのが人事です。経営者の経営の当事者能力が衰えると他の構成員が善意で責任を果たそうとするため、経営者には権限だけが残り組織として責任を果たすことの大半が後継者（又は別の者）に移行します。そして重責の移行に伴って経営者の関心も「責任を遂行すること」から「自分に仕えているか」に移っていきます。

　責任感の強い社会人は、権限と責任の一致を組織に求めます。そうでない限り適正な人事評価が行われないことを本能的に知っているからです。権限と責任遂行能力が一致しない組織からは人材の流出が加速していきます。

④高齢経営者が必死にご子息を連れ戻そうとする理由

　経営の重責を負い続けることが難しくなった晩年の経営者があてにするのが、ほとんどの場合そのご子息ということになります。特に、地方の名士と呼ばれる人には自身の経営者としての立場に強い執着がある場合が多く、自分の経営者という立場を維持するために必死になってご子息を連れ戻そうとします。こうして客観的に見るとほとんど合理性があるとは思えないような選択をご子息に強いることになります。

⑤体制維持の本能

　「盛者必衰」には、「今は栄えて勢いのある者でも、必ず衰えると

きがくる」「この世の中は実に無常である」という意味があります。古い表現ではありますが、会社や業界などの移り変わりを表す際に、比喩として使われることがあります。歴史上、多くの帝国や王国、企業、文化、技術などが繁栄した後に衰退してきました。この原則は、物事の自然な流れやサイクルとして広く知られています。

　過去数百年、数千年にわたって、多くの帝国や王国、企業、政権、経営者などが「盛者必衰の理」に直面してきました。自身の体力や知力の衰えにより、隆盛を極めた企業などが衰退の憂き目に遭いました。そしてその度に、時の実力者は自身の子どもを利用することで自分の立場を維持しようとしました。古くは千年以上も前から、権力者は男子の跡取りを望みました。

　中小企業の事業承継の現場においても、先代は自身の体力や知力の衰えを補うために子供を利用し自分の城を維持しようとするだけで、もともと事業承継をするため（自分の城を明け渡すため）に連れ戻したわけではなく、経営権を移譲する気は更々ないというのが本音なのでしょう。こういった事業承継の現場を非常に多く見かけます。この本音は、親から家業に呼び戻されようとしている後継者が必ず念頭に置いておかなければならないことです。

⑥役割硬直化

　大企業においては、社会人1年目からずっと同じ仕事を続けることはなく、ジョブローテーションで他の部署に回ったり、係長・課長・部長といった形で役割や求められるものも変化していきます。社会人1年目から何の変化もなく同じ仕事をしているような者はリストラの対象とすらなりえます。しかしながら、中小企業においては、ずっと同じ仕事を続けているようなケースや、中小企業の社長

がただ同じことの繰り返しのような生活を続け、その繰り返しが社長を続けることそのものであるケースがあります。

　このようなケースでは、事業の生産性が低下していき社会における役割も自然消滅していくのですが、後継者が経営能力を有していることによって、実質的に後継者が経営しているにも関わらず先代の経営者としてのポジションが温存されてしまい、世代交代が大幅に遅延していきます。

　中小企業の事業承継においては、ほとんどのケースで世代交代トラップに陥っており、その構造を理解し対応策を講じておくことが非常に重要となります。

▶世代交代トラップの回避方法の考察

①退任基準としての社会人1年目比較

　退任基準としての社会人1年目比較は、社会人として1年が経過した若者ができる基本的な業務ができなくなった時に、経営者が権限を返上するという基準です。

　具体的には、社会人1年目の一般的な従業員がこなせる業務を遂行できなくなった老齢経営者が権限を持ち続けると、個人的な世話と業務上の指揮命令の境界が曖昧になります。この状態になると、組織全体の生産性が低下し、人材流出が加速する恐れがあります。そのため、社会人1年目の若者ができる業務ができなくなった時には、少なくとも代表権を返上するといったルールを予め決めておく必要があります。

②人事制度の監視

　世代交代が遅延している組織では、少なからず権限と責任の分離構造が見られます。この影響が如実に現れるのが人事です。経営者の経営の当事者能力が衰えると他の構成員が善意で責任を果たそうとするため、経営者には権限だけが残り組織として責任を果たすことの大半が後継者（又は別の者）に移行します。そして重責の移行に伴って経営者の関心も「責任を遂行すること」から「自分に仕えているか」に移っていきます。

　このような状態において人材流出への対応策を講じるためには、責任を果たしている従業員への適切な評価を常に監視し、心理的フォローを行っていく必要があります。

③役割流動化

　先述したように、中小企業の多くでは経営者が長期間にわたり同じ業務を続け、その繰り返しが彼らの役割そのものになりがちです。この役割の硬直化により、後継者は大きな困難に直面します。配置転換が必要な場合、特に居心地の良さを感じている経営者の再配置は難しいです。経営者は本来、変化の先頭に立つべきです。ガンディーの言葉を借りるなら、経営者としての生き方は**「永遠に生きるかのように学び、明日死ぬかのように生きる」**ことです。この精神は、常に社会人１年目のように学ぶことで体現され、これが経営者としての資質です。自らの権限に対する居心地の良さを感じ始めた経営者は、それが社会人としての役割を終えていることを示しているかもしれません。「変化を常態とする」という姿勢は、老いることなく成熟していく秘訣です。

④再エンパワメント

　再エンパワメントは、後継者が事業を引き継いだ後に、先代が強みを発揮できる特定の分野に対して再度権限を移譲する方法論です。このアプローチを取ることで、先代が権限を保有していることへの後継者の不安感もあまり感じなくなります。また、特定の強みを持つ分野で権限と責任を保持することにより、先代が付加価値を提供できる期間を延長できます。特に、先代の技術や知識を「巨匠」といった称号でブランド化し、技術伝承や広報活動を担わせることも一つの手法です。重要なのは、単に引退させるのではなく、彼らの強みを最大限に活かすことです。

⑤象徴化

　親族内承継であれ親族外承継であれ、事業承継のプロセスにおいて「のれん」を具体的に認識し、経営資源として活用していくことが成功の鍵となると先ほど述べました。このこのれんは、強力なブランド、良好な顧客関係、良好な従業員関係、特許や独自技術などの要素を代表しているとされます。より広い意味では、会社のブランドや評判の価値、またはそれが提供する地域社会での持続的な貢献の象徴としての価値とも考えられます。そしてこのこのれんを維持するという職務に適しているのが実は先代なのかもしれません。

　一方で、後継者は長年の地域経済への貢献による信用力の土台にレバレッジをかけ、イノベーションを推進していくことが求められます。そしてイノベーションの推進と高齢経営者の温存というのは、一見相容れないように見えます。しかしながら、この伝統と革新の両立を図っているおそらく唯一の方法論が、日本における政治と皇族の分離による天皇象徴制に似た技術です。古くは幕府と朝廷の関

係から現在の皇族と内閣の関係に見られるように、この方法論は日本人の文化的背景に向いているのでしょう。具体的には、皇族が日本国民の統合の象徴としての公務を行うように、先代は長年の地域経済への貢献の象徴としてのれんの維持に専念するということであり、後継者は内閣総理大臣のように具体的経営を行いイノベーションを推進していくという役割分担です。

第10節 税理士など、長期関与の顧問を変えない方がいい理由

　PMIのプロセスにおいて、税理士や他の長期にわたって関与してきた顧問を変更しないことを選択する理由は、複数存在します。これらの顧問は企業の歴史、業務の流れ、財務状況などを深く理解しており、その知識と経験はPMIの成功に不可欠な要素となり得ます。以下に、顧問を継続して関与させるべき理由をいくつか挙げます。

①企業の歴史と文化への深い理解

　長期にわたって関与してきた顧問は、企業の文化、価値観、そして経営方針に対する深い理解を持っています。この理解は、統合プロセス中に企業が直面する挑戦を乗り越え、文化的な障壁を減少させるのに役立ちます。

②貴重な知識と経験

　これらの顧問は、過去の取引、決定、そしてその結果について詳細な知識を持っています。どんなに詳細なデューデリジェンスを実

施したとしても、すべての会社の情報を把握できるわけではありません。この情報は、統合プロセス中の戦略的な意思決定において非常に有用です。

③信頼関係の構築

長期間にわたる関与を通じて、これらの顧問は企業と信頼関係を築いています。この信頼は、特に不確実性の高い統合プロセス中において、重要な資産となります。

④連続性の確保

特に税務や財務の分野において、連続性は極めて重要です。長期にわたって関与してきた顧問は、これらの領域における連続性を保ち、統合プロセス中の不確実性を最小限に抑えることができます。

⑤コストと時間の節約

新しい顧問に切り替えると、企業の背景、歴史、現在の財務状況について学ぶための時間と労力が必要になります。長期間関与してきた顧問を継続することで、このような移行コストを節約できます。

⑥危機管理

合併や買収はしばしば不確実性を伴います。長期にわたって関与してきた顧問は、過去の危機や挑戦にどのように対処してきたかについての貴重な洞察を提供でき、新しい経営陣が同様の状況に効果的に対応するのを助けることができます。

⑦スムーズな情報の移行

統合プロセスでは、多量の情報が新旧の経営陣間で共有されます。長期にわたって関与してきた顧問は、この情報の移行をスムーズに行い、重要な情報が失われることがないようにすることができます。

これらの理由から、PMIプロセスにおいては、特に財務、税務、法務などの重要な分野において、長期にわたって関与してきた顧問を継続して活用することが推奨されます。彼らの知識、経験、そして企業との信頼関係は、統合プロセスを成功に導くための鍵となります。しかしながら、新しい経営陣との意思疎通が上手くいかない場合や、世代交代の阻害要因になっているような場合には、長期関与の顧問から新しい専門家に変えることが合理的選択となる場合もあります。

第11節 二代目経営者たちは、「ストロング・バイヤー」とされる資質を有している

「二代目経営者」と言われる人たちが、M&A領域において「ストロング・バイヤー」とされる資質を持つとされる理由には、彼らの特有の経験とスキルが大きく関係しています。以下にその理由を詳述します。

①継承による経験の積み重ね

二代目経営者は、しばしば事業継承を通じて重要な経営上の決定を経験します。この過程で、企業の組織、運営、文化の変革を行い、それに伴う複雑な課題を乗り越える必要があります。この経験は、M&Aにおいても同様の課題に直面する際に役立ちます。

②革新的なアプローチ

多くの場合、二代目経営者は既存のビジネスモデルや運営方法に新しい視点をもたらします。彼らはしばしばイノベーションを推進し、変革を求めるため、M&Aを通じて新しい市場に進出したり、新技術を取り入れたりする意欲が強いです。

③戦略的思考能力

事業継承の過程で、二代目経営者は長期的な戦略を立て、リスクを管理する能力を身につけます。M&Aでは、これらの戦略的思考が、効果的な投資判断とリスク評価に直結します。

④人材マネジメントとリーダーシップ

二代目経営者は、継承過程で組織内の人材をマネジメントし、リーダーシップを発揮する機会を持ちます。M&Aにおいても、異なる企業文化の融合や組織構造の再編成には強いリーダーシップと優れた人材マネジメント能力が必要です。

⑤リスクと機会のバランス

二代目経営者は、事業継承を通じてリスクと機会のバランスを取る方法を学びます。M&Aでは、潜在的なリスクを見極め、それに対する対策を講じながらも、新しい機会を追求する能力が求められます。

これらの要因により、二代目経営者はM&A領域においてストロング・バイヤーとされる資質を有していると言われます。彼らは事業継承の過程で獲得した独特の経験とスキルセットを活かして、

M&Aの機会を戦略的に捉え、成功に導くことができるのです。

第12節 後継者が新規事業を立ち上げる場合、そのタイミングはいつか？

　後継者は先代がいる間に新規事業を立ち上げることが多いですが、その理由は多岐にわたります。以下にいくつかの考えられる理由を説明します。

①創業者マインドセットの獲得

　後継者が新規事業を立ち上げる主な理由の一つは、創業経験の欠如です。多くの後継者は、既に確立されたビジネスに参加することが多いため、自らが「ゼロからイチ」を生み出すことで、創業者のような思考やスキルを身につけようとします。これは、創業のプロセスを理解し、ビジネスの根本的な挑戦に直面する貴重な機会を提供します。

②新しい時代の要求に応じる

　世代交代と共に、市場や技術の変化に対応する必要があります。後継者は、現代のビジネス環境や消費者のニーズに適した新しい事業戦略を探求する責任があります。これにより、企業は進化し続け、競争優位を保持することができます。

③成長分野への集中

　先代が経営の基本的な側面を引き続き担当している場合、後継者は新規事業や成長分野に集中することが可能です。これにより、新

しいビジネス機会の探索により多くのリソースとエネルギーを割くことができます。

④タイミングの重要性

　市場は常に変動しており、新規事業の成功はタイミングに大きく依存します。後継者がイノベーションを推進しやすい年齢である間に、適切なタイミングで行動を起こさなければ、良い機会を逃す可能性があります。

⑤独立した事業領域の確立

　先代が経営から退くことなく活動を続ける場合があります。そのため、後継者は自らがコントロールできる新規事業領域を求めることがあります。これは、自立したリーダーシップを発揮する場としても機能します。

　これらの要因は、後継者が新規事業を立ち上げる適切なタイミングと動機を理解するのに役立ちます。また、企業が持続可能な成長を遂げるためには、革新的なアプローチが不可欠です。

おわりに

　わたしたちは日本人であり日本に生まれます。生まれたての頃はまだ何も持っていません。そして生まれたての子どもに初めて親が与えるのが名前です。そしていつの間にかその子どもにもお友だちが出来ます。周りのお友だちが、自分の子どものことを自分たち親が名付けた名前で呼んでくれます。そしてお友だちから名前で呼んでもらい、じゃれ合いながら遊んでいる様子を見ていると、そこには確かに自由意志に基づく子ども自身の人生があります。そして親はこの子どもたちが実り多い豊かな人生を送って欲しいと願うものです。

　しかし、ここには見落としている視点があります。今の日本人が生まれた時にはこの国は存在していました。実は何も持っていないと思われる生まれたばかりの子も受け継いでいるものがあります。

　それは、日本という国の文化、歴史、伝統、そして共有の価値観です。日本人として生まれるということは、この国の長い歴史と文化を背負って生まれてくるということです。そしてこの国を豊かな形で次世代に引き継いでいくために行われる活動が事業承継でありM&Aなのです。

　本書は、「家業を継ごうと思ったら」「経営を誰かに引き継ごうと思ったら」「事業を売却しようと思ったら」「事業を買おうと思ったら」、そしてそのような場面に遭遇した士業やコンサルタント等の支援者にも手にとって欲しいと思っています。

　そこには事業承継・M&Aの現場を、自由意思に基づいて個人と組織・更には未来世代の可能性を最大化するイノベーション創出の

場にしていきたいとの思いが込められています。

　本書を通じて、事業承継やM&Aにおける様々な局面で直面する課題とそれに対する戦略的アプローチを解説しました。本書の目的は、これらの転換期が単なる経営上の必要性ではなく、新たな価値を創造し、組織の成長を促進し、未来にわたってその影響を拡大させる機会として捉え直すことです。

　事業承継やM&Aは、しばしば不確実性と不安を伴いますが、同時に新しい視点を組織にもたらし、創造性を解放し、変革を促す力を秘めています。本書が示すように、これらのプロセスを慎重に、そして戦略的に管理することで、個人と組織は共に成長し、繁栄することができます。

　最後に、事業承継やM&Aは個人のキャリアや組織の運命を左右するだけでなく、地域社会や業界全体にも影響を与えます。このような意味で、本書は事業を継承しようとする家族、後継者を見つけようとする経営者、M&Aを検討しているマネジメント層、そして未来世代に豊かな時代を引き継ごうとするすべての人々へのメッセージでもあります。

　本書がその意思決定を行う上での指針となり、皆様の成功への道を照らす一助となれば、これ以上の喜びはありません。

　M&Aは間違いないく、社会の最高の発明なのです。

　M&Aは社会に変化をもたらすものです。

　M&Aは古き者を消し去り、新しき者への道を作ります。

ここでの「新しき者」とは後継者のことです。

　しかしそう遠くないうちに後継者も「古き者」となり、消えてゆきます。

　大袈裟ですが、紛れもない事実です。

　後継者の時間は限られています。

　誰か他の人の人生を生きることで時間を無駄にしないでください。

　　　　　　　公認会計士・税理士・不動産鑑定士　西本隆文

【著者紹介】

西本 隆文（にしもと・たかふみ）

公認会計士・税理士・不動産鑑定士
税理士法人 AAA 代表社員、株式会社 AAA 鑑定 代表取締役、西本公認会計士事務所 所長
https://aaa-group.jp

2005 年 慶應義塾大学商学部卒業。
2006 年 監査法人トーマツ（現 有限責任監査法人トーマツ）入所。日系企業や外資系企業の会計監査等に従事。
2010 年 西本公認会計士事務所開設。
2016 年 税理士法人 AAA 設立 代表社員就任、同年 株式会社 AAA 鑑定 代表取締役就任。

会計・税務・会計監査・不動産鑑定の通常業務のみならず、1 世紀を超える老舗企業を複数世代に跨って支援してきた経験や、事業承継型 M&A の FA・仲介・デューデリジェンス・バリュエーション等さまざまな立ち位置での関与実績多数。首都圏・近畿圏のみならず全国的に業務展開。

士業・コンサルタントが知っておきたい
事業承継・M&Aの実務と考え方

2024 年 6 月 30 日　初版第 1 刷発行

著　者——西本　隆文
© 2024 Takafumi Nishimoto
発行者——張　士洛
発行所——日本能率協会マネジメントセンター
〒 103-6009 東京都中央区日本橋 2-7-1 東京日本橋タワー

TEL 03（6362）4339（編集）／ 03（6362）4558（販売）
FAX 03（3272）8127（編集・販売）
https://www.jmam.co.jp/

装丁・本文デザイン——吉村朋子
本文 DTP——株式会社 RUHIA
印刷——広研印刷株式会社
製本——ナショナル製本協同組合

ISBN 978-4-8005-9239-2　C2034
落丁・乱丁はおとりかえします。
PRINTED IN JAPAN

TOP 営業を育てる 自社オリジナル 教科書の作り方

加藤じゅういち 著

多くの企業で営業人材の育成が急務です。「営業力を強化しよう」「営業はこうすればいい」とよく言われますが、営業力強化の研修を受けてみても、教材のテーマが自社にフィットするとは限りません。であれば、いっそ「自社オリジナル教科書」を作ってしまった方が後々楽ではないでしょうか？
本書では、この「自社オリジナル教科書」の作り方を解説します。社内にすでにあるノウハウを明文化し、共有するための具体的なメソッドを多数盛り込んでいます。そうして作り上げた教科書を有効活用することで、自社の営業力を大いに高めることに繋がることでしょう。

A5判　216頁